サクッとわかる ビジネス教養

問題解決

オール
カラー
価格
シェア
商品力
生産性
営業力
PRカ
利益率
人材
流出
SNS

齋藤顯一 監修
フォアサイト・アンド・カンパニー 代表取締役

新星出版社

はじめに

introduction

本質的問題を捉え、戦略を立案、実行できる人材に！
日本を再び成長させる、問題解決の考え方

バブル崩壊以降、日本は全く成長できない国になってしまいました。ＧＤＰの５割以上は個人消費で、２割近くは企業の設備投資です。人々はなぜお金を使わないのでしょう。可処分所得が増えないから、将来が不安で貯蓄するのか、買いたいものがないのか…。あるいは、企業はなぜ投資をしないのでしょう。内部留保は５００兆円以上あるにもかかわらず、です。大きなリターンを得られる投資先がわからないからでしょうか。だとすると、投資は戦略軸の話であるため、売上を増大させるための戦略を、企業は作れていないことになります。

ＧＤＰが伸びず日本が成長できない原因は、企業にあり、その企業を構成する個人の能力を育成できていないことにもあるといえます。これまでの日本が育ててきた人材は、知識を覚え身につける人材でした。一方で、市場の成長機会や、企業が成長できない本質的問題を理解して、戦略を立案する方法や戦略実現のた

※GDP、内部留保については「2022年国民経済計算（GDP統計）」、「年次別法人企業統計調査（令和3年度）」より

めに行動する方法を身につける人材を、育ててこなかったのです。

本質的問題を理解して、戦略を立案する、一連の考え方を問題解決といいます。これは学問ではなく実学であり、学校で教わるものではありません。企業で教えることができる人材も限られています。問題解決に関する書籍をたくさん読んでも、あるいは問題解決を勉強した人から学んでも、一般論では解決できないし、実際の成果を得るのは難しいのです。本当に必要なことは、実際に思考するプロセスと行動の仕方を学び、失敗と成功を重ねること。その繰り返しにより、課題を発見し、それらの意味合いを理解して結論を考えられる人材になることです。

ともすれば、問題解決は皆さんにとって馴染みのない考え方であるため、理解するのは難しいと感じられるかもしれません。そのような容易ではない内容を少しでも簡単に掴んでもらえたらと、本書ができ上がりました。この本をきっかけに、他と差をつける力として問題解決の能力を身につけたいと思う人が増え、日本をより良い国、成長できる国へと導いていただければと思います。

齋藤顯一

CONTENTS

サクッとわかるビジネス教養 問題解決

Chapter 3 「要は、どういうこと？」実力レベルに合った解決策を立案する

Chapter 4 改革には仲間が必要だ 問題解決策の実行

STAFF
デザイン……鈴木大輔・仲條世菜（ソウルデザイン）
イラスト……松尾達
DTP……高八重子
企画……千葉慶博（KWC）
編集……水嶋洋大（KWC）

壁にぶつかる人生から
壁を越える
人生へ

これが
問題解決の考え方!

日々の生活や仕事において、うまくいかないことにぶつかる経験は誰しもあるでしょう。道を阻む問題に対処しているつもりでも、思うような成果が出せない――。**そんなときに役立つのが問題解決の考え方。経験や思い込みに囚われず、客観的に事実を把握し、論理的に考えることで、問題がどこにあるのかを正しく把握し、解決策を導き出します。**

問題解決の考え方を身につければ、越えられないと思い込んでいた壁を、越えられるようになるかもしれません。

モノの思考術

日本生産性本部の調査研究「労働生産性の国際比較2022」によると、日本の時間当たり労働生産性は主要7カ国（G7）で最下位。経済成長を阻む低生産性の問題が、日本社会を苦しめています。その原因の一つは、多くの企業が、業績を高められない「本質的問題（そもそも何が問題なのか）」を見極められなかったからではないでしょうか。

　本書で取り上げる問題解決の考え方は、**企業の**

の心強い味方！

問題解決は一生

経営課題を解決する体系的なプロセスです。その核心はまさに**「本質的な問題」を発見する**ことにあります。本質的な問題がわかるということは、業績向上を妨げている阻害要因がわかるということであり、本質的な問題を理解した上で考える解決策は、企業の成長をもたらす施策になります。

問題解決の考え方は、企業で働く人々が**低成長時代を生き抜くための一生モノの思考術**なのです。

世の中を渡り歩くため

学ぶ意思があれば誰でも身につく！

本質的問題を発見し、解決策を立案し、人を巻き込んで実行する。問題解決の手法は、普段の生活では馴染みがない考え方やアクションを含むため、難しそうに思えるかもしれません。

しかし、スポーツや芸術分野のプロフェッショナルを目指すのとは異なり、問題解決の習得に特別な才能は必要ありません。**取り組む意欲と学ぶ姿勢さえ持ち続ければ誰にでも開かれている、思考する力だけが必要な世界**なのです。

考え方のコツを身につければ、仕事はもちろん、日々の悩みを解決するのにも役立ちます。問題解決を通してモノの見方が変われば、どこまでも広がる青天井の成長が待っています。

問題解決の世界は青天井

01

problem solver's column

問題解決の源流はここにあり？ コンサルタントの方法論

1926年、シカゴ大学教授であり管理会計の専門家でもあったジェームズ・O・マッキンゼーにより設立された世界有数の戦略コンサルティングファーム、マッキンゼー・アンド・カンパニー。その黎明期を支えたコンサルタントたちが実践した客観的な事実に立脚するファクト主義と、クライアントの利益を自社の利益よりも優先するといった問題解決の考え方は、経営コンサルタント業の基礎を築き、現代に続くコンサルティング業界にも多大な影響を与えました。

プロフェッショナルたちによる問題解決の現場においては、問題を発見するプロセスこそが最も重要です。なぜなら本質的問題が理解できないと、その後に導かれる解決策も間違ってしまうため。本書においては、その観点から問題発見のプロセスを詳しく解説しています。

Chapter

1

一気通貫で
身につける！

問題解決
とはなにか

問題解決とは、やみくもに問題を解決しようとする取り組みではありません。正しい解決法を導き出すために体系化されたプロセスがあります。まずはその全体像を見ていきましょう。

Chapter 1

論理的に本質を捉える
問題解決の考え方とは?

この章で学ぶこと

- 問題解決は問題の「発見」「立案」「実行」という手順を踏む
- 問題解決＝企業の業績を向上させる考え方
- 問題解決の習得には実践が不可欠
- 客観的な事実から、論理的に考えることで問題の本質を突く

MONDAI KAIKETSU

ロジカルシンキングだけ学んでも無駄？ 問題解決は一気通貫で身につける

「問題」と一口に言っても、その意味は試験における問いや日常の困りごと、仕事のトラブルなど様々です。これらとは異なり、本書では、主にビジネスに関わる能力としての問題解決を扱います。では、この意味において問題解決が指す「問題」と「解決」は何を指すのでしょう。端的にいうと、問題とは企業が抱える問題、つまり業績の低迷を指します。**問題解決とは業績の向上策を導き出すこと**なのです。

問題解決は容易なことではありません。多くの場合、「人手不足」や「成績不振」など表面的かつ緊急性の高い問題を優先し、場当たり的な対処を繰り返してしまいます。

問題解決では、表面的な問題ではなく、業績が上がらない根本の原因である本質的問題を発見し、具体的な解決策を立案、実行するという手順を踏みます。どれか一つ欠けても、成果は実現しません。習得するには、部分だけを学ぶのではなく、成果実現に必要となる考え方を一気通貫ですべて学ぶことが不可欠です。問題解決の手法として紹介されることの多いロジカルシンキングや分析手法は、あくまで個別の手段。**最も大事なポイントは、一連の流れを実践して、問題を本質から解決すること**です。

要はどういうこと？

- **問題解決では、「問題の発見→解決策の立案→実行」という手順を踏む**
- **一つの手順を切り取って学ぶのではなく、一連の流れとして実践することで身につく**

MONDAI KAIKETSU

業績を上向かせる3つの力が問題解決の切り口を決める！

生産性の低下、他社との競争、市場の変化…。伸び悩む企業が抱える問題は多岐にわたります。そのため、問題の多さはもとより、「何から手を付ければよいか分からない」ことが大きな問題として立ちはだかるのです。

しかし、複雑に絡み合っているように見える問題の数々も、問題解決の考え方を用いれば、解決のための取り組みはシンプルな切り口へと整理されます。なぜなら**業績向上を継続的に実現するために必要なことは、たった3つの力に集約される**からです。

1つ目の力は業績を「引き上げる力」。事実の分析に基づいた戦略が該当します。**2つ目は「押し上げる力」**。いわば戦略実現をサポートするIT、人事、仕組みや組織体制、会社を下支えするインフラストラクチャーを指します。**3つ目は業績向上を「推進する力」**。これは解決のための具体策を、実際に行動することでカタチにする従業員の意欲です。

解決の取り組みが3つの力に集約されるということは、裏返せば、**本質的問題のありかも、この3つの中に潜んでいる**といえます。この考えを出発点に、具体的で細かな問題の大元を辿っていくことが、問題解決の第一歩になります。

引き上げる力

業績を引き上げるための戦略、事業全体の施策を考え、決定する力。

押し上げる力

業績向上の施策を支えるITや人事施策、組織体制。

推進する力

施策を推し進める社内の機運、従業員の意欲。

要はどういうこと？

- **業績向上の施策は3つの力に集約される**
- **3つの力＝戦略、インフラ、人の意欲**
- **切り口をシンプルに整理して捉えることが第一歩**

MONDAI KAIKETSU

思い込みから脳を解き放つ！ 事実ベースで論理的に考え、本質的な問題を見つける

売上低迷に悩む企業が行う取組みは、問題を解決しているように見えて、実際は業績向上に貢献できていないことがほとんどです。なおかつ些細な問題に囚われ、非合理的な意思決定を行う組織は珍しくありません。「問題解決」という言葉は知っていても、その考え方は一般に浸透していないようです。

その理由は、人も組織も、経験則に従うことが楽だから。たとえそれが思い込みであり、誤りが含まれていたとしても、新たな解決策を考えずにすでに知っている事実の枠内で頭を悩ませるのです。

問題解決では、問題を把握するために客観的な事実を集めることから始めます。その過程では、既に知っていることだけではなく、**解決に必要な「知るべき情報」に目を向けます**。集めた情報から問題を読み解くために、**経験則ではなく論理的な思考を働かせる**ことも問題解決の特徴です。

脳科学における一部の研究では、楽な方に流されてしまうのが脳の本来的な性質だと語られることもありますが、問題解決においては脳の性質に反してでも論理的に頭を働かせる必要があります。だからこそ、問題解決は自然に身につくことはなく、意識的に実践して初めて身につく「考え方」なのです。

要はどういうこと?

- 人も組織も経験則に囚われる
- 問題解決は客観的事実と論理的思考に基づく
- 問題解決は脳をコントロールして身につける

02

problem solver's column

実践により学び、身につける問題解決の全体像

問題解決は「発見」「立案」「実行」の３つの手順に分けられます。顧客に対するインタビューと事実データの分析を行い、発見したことを論理的に解釈して問題を発見して、解決法を導き出し、仲間を巻き込んでそれらの解決法を実践する――。これが問題解決の全体像です。章の内容が以下の図のうち、どの手順に含まれ、何のために行っているのか、目的を都度チェックしながら読み進めることで、実践に役立つ学びを得られます。

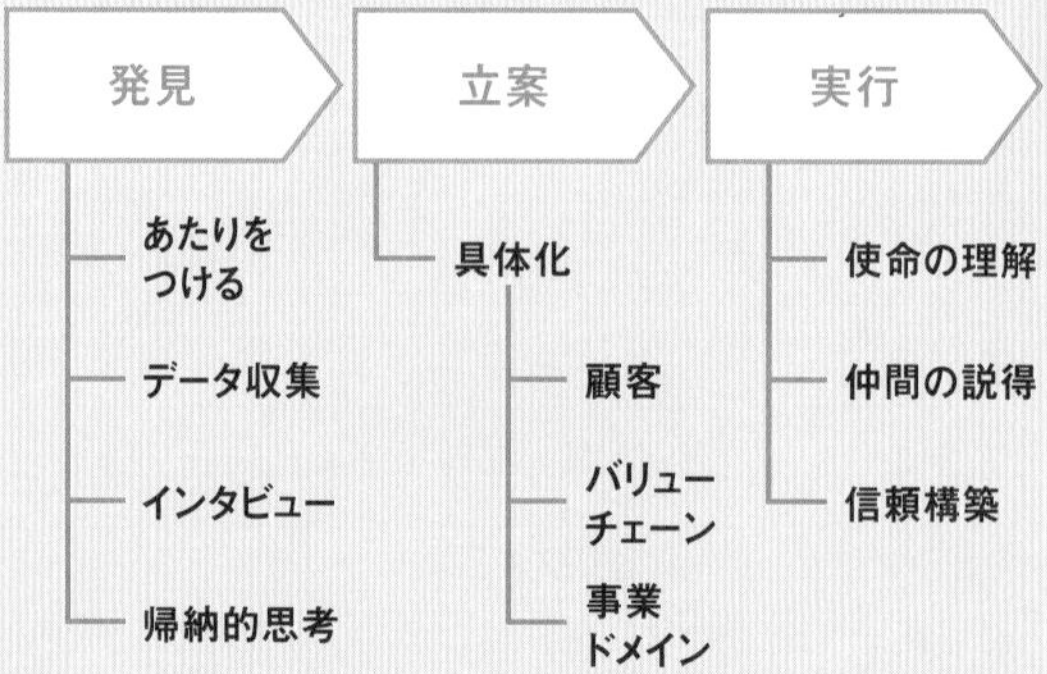

Chapter 2

事実に対して
忠実に向き合う

本質的問題を発見する

問題解決において最も重要なステップは本質的問題を発見すること。誤った問題に飛びつかないために、必要な情報の集め方と推論の立て方を見ていきます。

Chapter 2

問題解決の最重要プロセス

事実ベースで考えて本質的問題を見つける

この章で学ぶこと

- **問題発見は4つのプロセスであたりをつけることから始まる**
- **必要な情報をどのように集め、分析するか**
- **データに現れない情報をインタビューで引き出す**
- **事実を整理して、帰納法で本質的問題を特定する**

基本1　あたりをつける

大まかに問題を捉えるために、「自社の業績」「市場の状況」「バリューチェーン」「インフラ」の4つの観点に着目します。

P30へ

基本2　数値データを収集・分析する

問題のあたりをつけるのに必要な数値データを集めます。集めた情報の意味するところを読み取るため、チャート分析も行います。

P52へ

基本3　インタビューを実施する

数値データに現れない重要な情報は、現場を知る人物や顧客へのインタビューによって意見を引き出します。

P66へ

基本4　事実から推論を立てる

集めた事実を切り口ごとに整理して、帰納法による要約と推論を重ねることで本質的問題を突き止めます。

P80へ

4つのプロセスで問題のあたりをつける

問題解決の最初のステップは、どのような問題が起きているのかを把握して、おおよその見当をつけることから始まります。見当をつけるためには4つのプロセスに従って情報を集めます。**1つ目は「自社の業績を理解する」**こと。自社が抱える問題の深刻度を

Process 1 自社の業績を理解する

この先は
危なそう…
粗利目標達成
昨対売上
達成
新製品
好調
P32へ

Process 2 参入市場の課題と成長機会を把握する

NO.3
NO.2
シェア
NO.1
いいな
P36へ

Process 3 バリューチェーンを検討する

バリュー
チェーン
P40へ

Process 4 インフラと人の問題を理解する

会社を
よくする
ために…
お客さま
のため
P50へ

業績から計ります。**2つ目は「自社が参入している市場を理解する」**こと。市場そのもののの課題や成長機会を調べます。**3つ目は「バリューチェーン（→P40）上の課題を発見する」**こと。顧客に価値を提供する過程に課題がないかを検討します。**4つ目は「インフラと人の問題を理解する」**こと。バリューチェーンを支えるインフラと人材の問題を把握します。

これらのプロセスを経ることで、バラバラに見える個別の問題を整理していきます。

プロセス1
自社の業績理解

4つのプロセスで問題のあたりをつける

知っているようで実は知らないことも!? 自社の業績を理解する

あたりづけの最初のプロセスは自社の業績理解です。**業績を理解するために、会社全体の売上高と成長性、収益性や生産性、マーケットシェアといったデータを調べます。**これらは自社で管理しているデータなので、他社や市場に関する情報より調べるのが容

既知の事実
この先は危なそう…
粗利目標達成
昨対売上達成
新製品好調
売上推移
シェア
利益率推移
競争力低下

易に思えるかもしれません。

しかし、実際に情報収集を始めると、「過去の蓄積が失われている」「関連性のあるデータがばらばらに管理されている」などの障害に阻まれることも。ここで情報収集をおざなりに既知の事実のみに目を向けてしまうと、背景に潜む問題を読み取れません。

正しく業績を理解するには、管理データをあるがまま集めるだけでは不十分。データ間の関連性に着目して自社の状況を読み取り、足りない情報は新たに探す必要があります。

さらに詳しく

プロセス1
自社の
業績理解

成長しているかどうかが肝心！
自社の業績を理解する4つの指標

順調に見えても
将来性は?
本当に大丈夫か?
すごい成長!
成長性
シェア
収益性
生産性

短期的な業績がよくても、楽観視はできません。「成長性」「収益性」「生産性」「市場シェア」といった指標は、自社の現状だけではなく将来性まで含めた判断材料になります。

現状の業績よりも将来性に注目する

管理データの種類は多岐にわたり、企業によっては膨大な数を保有していることがあります。とはいえ、問題解決においては全てを見る必要はありません。**自社の業績が伸びているか否かという観点で見るべき情報を絞ります。**

具体的には**「成長性」「収益**

成長性

企業の売上の規模がどのように変化しているかを示す。売上高成長率を見る。

収益性

企業の稼ぐ力を示す。粗利率の変化や営業利益率などの指標がある。

生産性

売上をあげるために1人あたりどれくらいの成果を上げられるかを示す。

市場シェア

市場に占める自社の売上の割合。割合そのものより、市場の成長率と自社の売上成長率を比べた「競争力の変化」を見る。

調べるデータ例

- **会社全体（さらには事業部門別、製品部門別）の売上高**
- **営業1人あたりの売上の推移**
- **粗利率**

etc…

性」「生産性」「市場シェア」の4つの指標にかかわる数値です。会社全体における数値はもちろん、事業部門や製品部門別の数値から指標を算出することで、「事業のどの部分が自社の足かせになっているのか」「問題の深刻さはどの程度か」といったことがわかります。

　なお、これらの数字は実数値を見るのも大事ですが、競合他社や市場全体における水準と比較した場合の相対値や、**将来的な成長への影響も含めて検討**します。

4つのプロセスで問題のあたりをつける

プロセス2
市場・顧客の理解

自社の競争力以上に大事なこと！参入市場の課題と成長機会を把握する

売上を決めるのは
市場規模とシェア

2つ目のプロセスでは、自社が参入している市場の状況に目を向けます。

自社の売上はどこまで伸びても、参入市場全体の売上を超えません。言い換えると、**売上は「市場規模×自社の市場シェア」によって決まる**ということです。市場シェアは

市場全体を見て、セグメントも見る

市場をニーズや顧客別に細分化したものをセグメントといいます。「市場全体では縮小傾向にあっても、セグメント別に見ると成長している分野がある（あるいはその逆）」ということもあるため、成長機会を探す際にはセグメント別の分析も有効です。

成長市場なら強みを伸ばす

競合も成長している可能性が高いため、市場をセグメント別に分解して、自社の強みが活かせる市場を探します。

衰退市場なら成長セグメントで戦う

市場をセグメント別に分解した上で、成長セグメントで戦いつつ、既存顧客に受け入れられる新しい成長市場も探します。

企業の競争力を表しています。売上を伸ばすためには、競争力を高めることも重要ではありますが、競合他社より優位に立ち続けるのは現実的ではありません。そのため、より**重視すべきは市場規模**となります。参入市場は拡大成長中か、あるいは衰退傾向にあるのか、さらに自社の成長機会はあるのかといった点を見極める必要があるのです。

なお、衰退市場でも成長機会は存在します。ただし、**衰退市場では成長市場と取りうる戦略の方向性が異なります。**

さらに詳しく
プロセス2 市場・顧客の理解

売る力よりも大事な〝買ってくれる力〟 BtoBにおいては顧客企業の業績を理解する

昔のお得意様は今もお得意様?

かつてのお得意様が現在、あるいは将来にわたっても優良な顧客であり続けるとは限りません。単に営業部門にとって付き合いやすい顧客という可能性もあります。顧客の成長性を見極めて、新規顧客に注力することも検討しましょう。

自社の成長に必要な顧客の棚卸しを行う

市場全体の傾向を把握したら、顧客について見直します。BtoB（企業間取引）では、既存の顧客企業が自社に利益をもたらすか、**相手の収益性と成長性を見て「今後の購買力」を判断する、いわば顧客の「棚卸し」**を行います。

顧客の将来的な購買力は、

対顧客の売上が減少している場合

顧客の購買力が伸びているのに売上が減少している場合は、自社の競争力が低下している可能性が高いので、なにが競争力低下の原因かを理解する必要があります。顧客の購買力がそもそも下がっているようであれば取引の優先度を下げます。

対顧客の売上は増大！でも購買力は…？

売上と共に顧客の購買力が伸びていても、自社の顧客内シェアが落ちていれば原因を探る必要があります。購買力が伸びていない場合は、顧客の課題を解決する提案を実施。それでも購買力が落ち続けるのであれば、取引の優先度を下げます。

調べるデータ例

- 企業としての基本情報や信用情報
- 自社から販売した製品別売上規模と成長性や収益性
- 担当営業の記録

etc…

取引実績や付き合いの長さよりも重視すべき要素です。なぜなら、**購買力が落ちつつある既存顧客に注力してしまうことで魅力的な新規顧客を逃している可能性があるため。顧客にとって自社の魅力が薄れ、顧客側が取引を縮小している場合も注意が必要です。**

顧客の購買力を判断するための情報は顧客が公開している企業情報の他に、自社との取引情報、信用情報、あるいは営業担当のインタビューなどから情報を得て、分析に利用することが可能です。

プロセス3
バリューチェーン

4つのプロセスで問題のあたりをつける

企業の提供価値はここから生まれる！
バリューチェーンを検討する

マイケル・ポーター

アメリカの経営学者。著書『競争優位の戦略』において、バリューチェーン（「ポーターの価値連鎖」）を提唱するなど、企業戦略に関する様々な理論的枠組みを発案した。

これまでに自社の業績と自社を取り巻く環境に目を向けてきました。次に着目すべきは、自社の業績や競争力の源になる独自性と強みを示す、バリューチェーンです。

バリューチェーンとは、企業の事業活動を一連の流れとして整理したフレームワーク

バリューチェーンは 利益を生む事業活動の流れ

事業活動が最終的な価値にどのように貢献するのかを検討する手法。企業が生み出す付加価値は、個々の活動を単純に合計したものではなく、一つの流れとして連鎖していくことで独自の価値になるとする考え方。

（→P82）で、競争力の源泉となるもの。企業がその活動から新たに生み出した価値を付加価値といい、バリューチェーンは一連の流れ全体で**企業独自の付加価値が生まれる過程を表しています。**

バリューチェーンを分析することで、個々の事業活動の強みや弱みについて整理できるのに加えて、事業活動がうまく連携できているか、活動の流れが機能しているかどうか、あるいはバリューチェーンそのものの設計に問題はないか検討することができます。

さらに詳しく

プロセス3 バリューチェーン

バリューチェーンは2つの活動軸で成り立つ

価値を生み出す仕組みをおさえる

1 川上から川下までを図解

開発から顧客への提供までの一連の流れを網羅的におさえます。川上から川下の事業活動までを一つの連鎖として捉えることで、最適な流れを設計します。

事業が価値を生む流れを機能・部門別に分類

具体的にバリューチェーンとはどのようなものでしょうか。バリューチェーンは企業ごとに異なるため、ここでは製造業における一つの例を上図に挙げます。

バリューチェーンは「売上を増大させる活動（戦略）」と「戦略実現を支援する活動

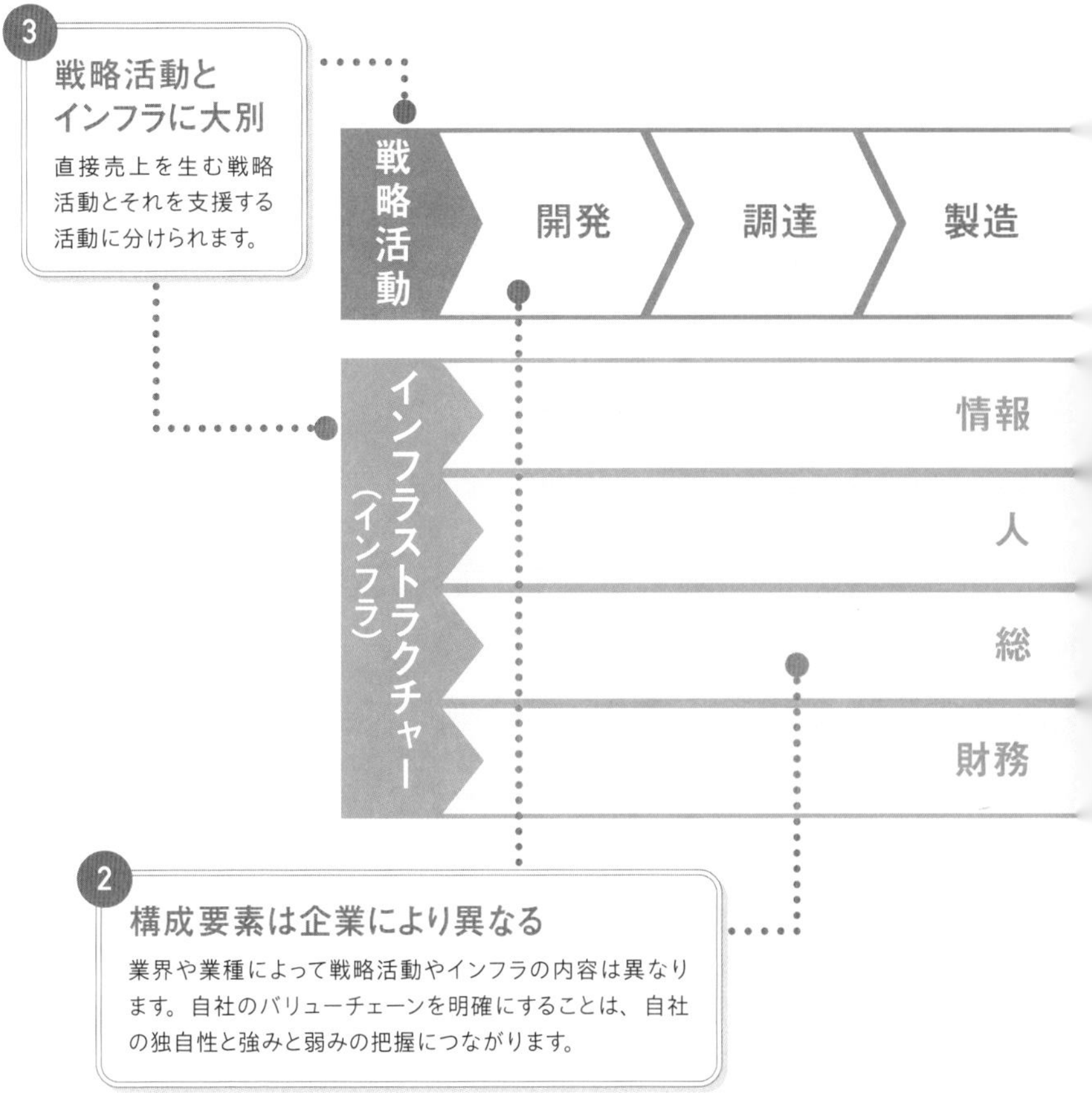
3
戦略活動と
インフラに大別
直接売上を生む戦略
活動とそれを支援する
活動に分けられます。
戦略活動
開発
調達
製造
インフラストラクチャー（インフラ）
情報
人
総
財務
2
構成要素は企業により異なる
業界や業種によって戦略活動やインフラの内容は異なります。自社のバリューチェーンを明確にすることは、自社の独自性と強みと弱みの把握につながります。

（インフラストラクチャー）」の2つの流れに分けられます。**「売上を増大させる活動」とは、製品の開発・製造から顧客に製品を提供するまでの流れに直接関わる事業活動**です。製造業では、開発、調達、製造、マーケティング、販売、サービスの6つの活動に分類されます。**「支援活動」は戦略を支援する活動であり、情報システム、人事、総務、財務経理などがあります。**

左から右へと事業活動の流れを機能・部門別に分類することで、**価値を生む過程やコストの所在が整理できます。**

さらに詳しく

プロセス3 バリューチェーン

描いてみよう! バリューチェーン

思いつくままに書いて抽象と具体化を繰り返す

バリューチェーンを構成する事業活動は企業により異なるため、分析する際には自ら書き起こす必要があります。

ここでは「パン屋」を例にとって、書き起こす手順を簡略化して紹介します。

まずはパン屋の活動に必要なことを**思いつくままに並べ**

STEP 1

思いついた工程を書き起こす

「パンを焼く」「パンを売る」など、パン屋に必要な工程を、工程が発生する流れ、時間の順序を意識しつつ、可能な範囲で思いつくままに書いて並べます。この時点では工程に抜け漏れがあっても構いません。

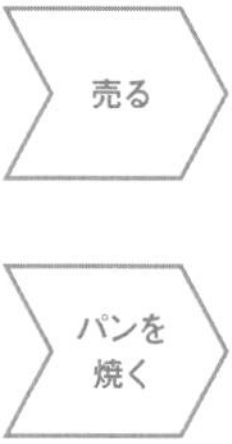

STEP 2

工程をまとめたり分解したりする

STEP 1で書いた工程に対して、抽象度のレベル（=言葉が表現する意味の範囲や深さ）を検討します。言葉をさらに細かい工程へと分解したり、具体的な工程をまとめて、より抽象度の高い大きな工程にまとめたりします。

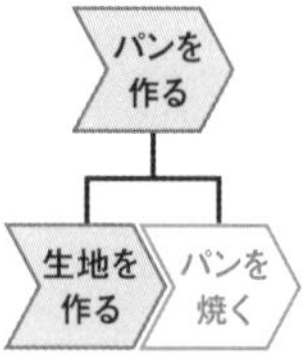

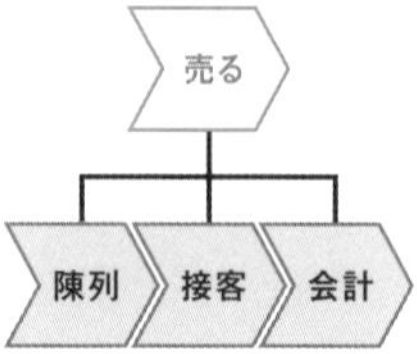

STEP 3

工程を時系列に並べる

STEP 2の工程のまとまりを時系列順に並べます。並べた工程を見て足りない工程があれば、それらについてSTEP1〜2を繰り返し、STEP 3の流れに足していきます。

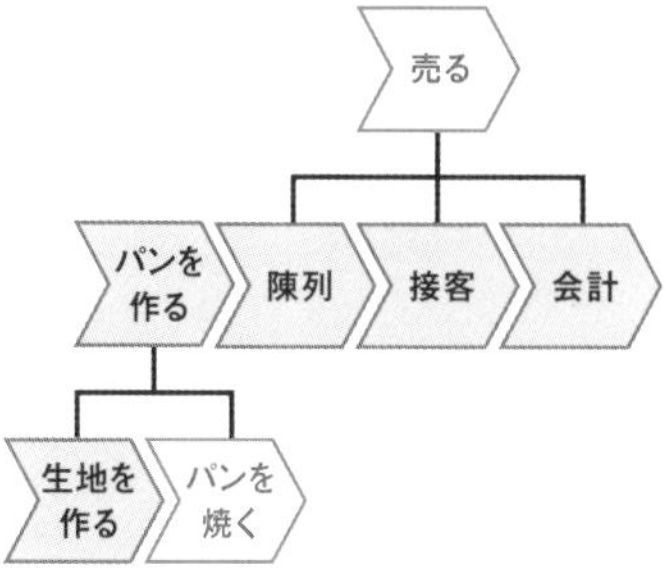

売る
パンを作る
陳列
接客
会計
生地を作る
パンを焼く

STEP 4

事業活動の大きな流れをおさえて完成

STEP 1 〜 STEP 3までを繰り返し、事業活動の大きな流れ（「製造」「マーケティング」「販売」など）を漏れなく書き起こしたら完成。なお、最も川下に位置する活動は最終的な提供価値が顧客に届く活動になります。

製造の流れ
器具調達
材料を買う
パンを作る
マーケティングの流れ
ネーミング
価格設定
包装デザイン
広告制作
宣伝活動
販売の流れ
陳列する
接客する
包装する
お金を受け取る
パンを手渡す

ます（STEP１）。次に、**思いついた工程における意味の範囲、抽象度を検討します（STEP２）**。例えば「売る」という言葉は「製品を陳列する」「接客する」「お会計をする」などの流れとして分解できます。反対に、「材料を買う」「生地を焼く」は「パンを作る」という工程にまとめられます。**ここまでの過程で書き起こした工程を時系列に並べます（STEP３）**。足りない部分について同様の手順を繰り返して、事業活動の大きな流れをおさえたところで完成です。

問題発見のTips

1

あなたの仕事にも
バリューチェーン!?

Tips 1

営業のバリューチェーンを分析する

リサーチ
アポイント
提案
交渉
アフターフォロー
契約後の仕事は…
契約してもらうためには…

ターゲットとする顧客を決めてから契約を結ぶまでの流れを考えて、自分の強みとなる工程や強化すべき工程を検討します。
時間や効率の面でボトルネックとなる部分についてはさらに工程を分解することで具体的な対策を考えます。

バリューチェーン分析は個人の仕事の流れにも応用できます。自分の仕事を一連の流れに起こすことで、最終的に自分がどのような付加価値を提供しているのかを理解できます。また、自分の仕事をプロセスに分解することで、個々の仕事がどのような成果を生み出しているか、どのような課題があるかを把握できます。ビジネス全体における自分の役割に対する理解が深まり、**プロセスを改善することで効率化や質の向上も図ることができる**のです。

Tips 2

人事のバリューチェーンを分析する

採用計画
求人票作成
選考
評価
教育・研修
入社後のサポートは…
必要な人材は…

人事などの間接部門の役割は、直接部門のサポートです。言い換えれば、間接部門にとっての顧客は直接部門。仕事のプロセスを見直す際は、「直接部門の働きを最大限高めるものであるか」といった観点から逆算することが大事です。

さらに詳しく
プロセス3
バリューチェーン

不調があったら一大事！ バリューチェーンで見るべきポイント

分析のコツは連携を見ること

バリューチェーンは事業活動の間で価値をつないでいく流れです。バトンリレーのように上手に連携が取れていなければ、顧客に提供できる価値を損なうことになりかねません。個々の事業活動に加えて**全体の流れを評価するため**には「**要素の抜け漏れがない**

要素の抜け漏れがないか?

書き起こした事業活動に抜け漏れがあり、分析に含まれていないと、改善のための重要な領域が見逃される可能性があります。バリューチェーンの描き方（→P44）を参考に、自社の事業活動を洗い出すことが大事です。

各要素は効果的に機能しているか?

それぞれの事業活動が製品またはサービスの全体的な価値に貢献しているかどうかを評価します。事業活動に弱みが見受けられた場合は、価値向上のための改善を施すか、バリューチェーンの再設計を検討します。

流れのスピードは速いのか?

適切な速度で意思決定、事業活動が行われているかを評価します。活動の流れが遅いと、事業の中で非効率なプロセスを生んだり、成長機会の逸失につながったりする恐れがあります。

活動間の連携は取れているか?

部門ごとの連携が取れているかを評価します。いわゆる縦割り組織の弊害や、突出した強みや弱みを持つ部門が全体の連携を乱して提供価値を損なっていないか検討します。

最小コストで運営されているのか?

品質基準を損なうことなく、可能な限り低コストで運用されているかどうかを評価します。活動の非効率、部門間の連携における非効率の両面においてコスト削減の方法を検討します。

か?」「各要素は効果的に機能しているか?」「流れのスピードは速いのか?」「活動間の連携は取れているか?」「最小コストで運営されているのか?」といった5つのポイントをチェックします。

ある事業活動が抱える問題の原因が、実はバリューチェーンとしての連携が取れていないことによるものだったということもあります。バリューチェーン分析による問題のあたりづけは、自社全体の事業設計を俯瞰して見直すのに有効な手段なのです。

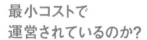

プロセス4
インフラと人

インフラと人の問題を理解する

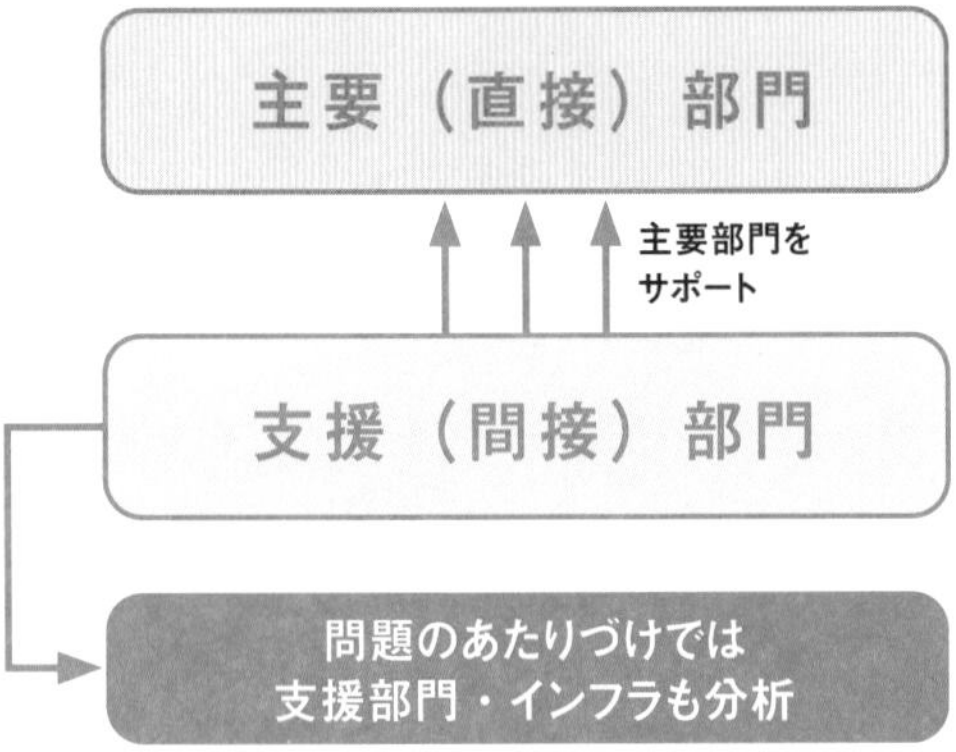
主要（直接）部門
主要部門を
サポート
支援（間接）部門
問題のあたりづけでは
支援部門・インフラも分析

インフラを構成する要素

- 情報システム
（顧客DB、業務システム）
- コミュニケーション
（情報共有の体制、風通し）
- 人事（採用、教育、評価、報酬）
- 人（意欲や巻き込む力）

バリューチェーンでは支援部門も重要な機能を果たします。支援部門を含む社内インフラについて、機能不全に陥っていないか検討する必要があります。

問題のあたりづけにおける最後のプロセスは「インフラストラクチャー」（以降、インフラ）と「人」に注目することです。ここでいう**「インフラ」はバリューチェーンにおける支援部門、つまり人事や情報システムといった事業活動の基盤を支える仕組みのこと、**

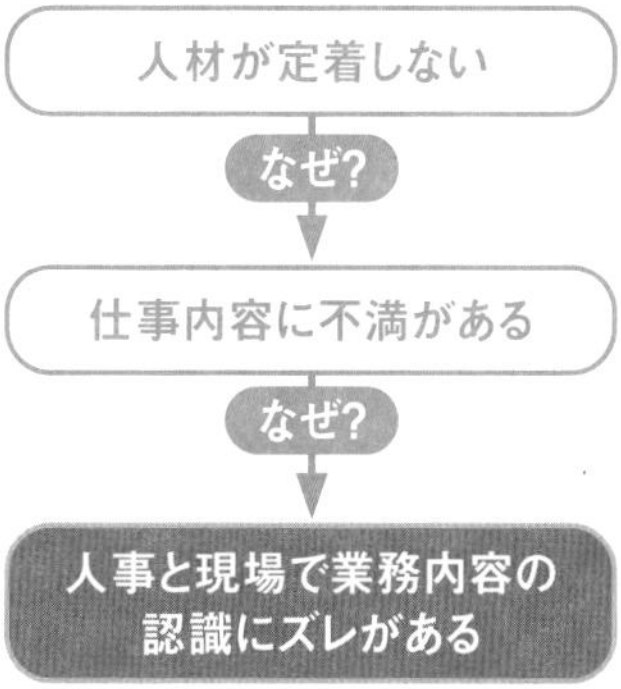

なぜを深掘りして根本原因を掴む

顕在化している問題点については、原因を深掘りして問題の背景を正確に把握します。ロジックツリー(→P92)などを用いて、問題を整理しながら「なぜ?」を突き詰めていくことで、より大元にある原因をたどることができます。

インタビューで意見を集める

責任者や現場担当者にインタビューを行うと、当事者も気づいていなかった問題が、対話によって浮き彫りになることがあります(→P66)。集めた意見はバリューチェーンのプロセス別に整理して、それぞれの意見がどのプロセスの問題を指摘しているか整理します。

「人」とは事業を推進する人材の意欲や人を巻き込む力を指します。バリューチェーンを強化する施策を実行する際には、施策を推進し、支える役割を担うインフラと人が機能する必要があります。Ｐ22でみた通り、業績向上には3つの力が不可欠であるためです。

インフラと人の問題は**定性的であり数値データで測りにくいため、ロジックツリーを用いて原因を深掘りするか、部門の関係者にインタビューする**ことで問題のあたりづけを行います。

数値データの収集とチャート分析

必要な情報に狙いを定める

候補に挙がるデータが膨大にあったとしても、闇雲に情報を集めるのではなく、目的に合った情報を見極めて集める。

問題のあたりをつける際は客観的な事実と向き合うために、情報収集が欠かせません。本質的問題を見つけるためのヒントも根拠も、情報の中に含まれています。問題解決に必要な情報は、大きく分けて数値データとインタビューで集めた意見の2種類。まずは

チャート化して意味を読む
ビジュアル化＝チャート化することで数値の変化とその背景を読み取り、分析に活用することができる。
仮説
GOAL
リサーチ結果
足りない情報を埋める
情報を分析する過程で、新たに足りない情報があることに気付く。不足を埋めるために、再び情報収集を行う。

数値データの集め方、分析の仕方を見ていきましょう。

数値データは自社や市場分析を行う際に必要となります。膨大なデータから有意義な情報を集めるには、「売上低迷の背景を知る」「成長セグメントを見つける」など、**目的に合った収集方針を決める**ことが大切です。**集めたデータは、チャート分析を行って数値の背景、意味を読み取ります**。データを集め、分析し、足りないデータを再び探す…。この繰り返しにより、問題を考える材料を得るのです。

データ収集

業績向上につながるかどうか必要なデータは目的に合わせて絞り込む

データ
A
データ
B
データ
C
データ
D
目的に合った
データはコレ！
データ
D

データを集める際は「何のためにデータを収集するのか」という方針を定めることが大切です。「市場」「顧客」「自社」を対象に、それぞれ全体の動向から始めて、個別の状況へと段階的に収集対象を絞り込んでいきます。

自社の管理情報、インターネット、政府刊行物など、問題解決に役立つ情報源は豊富にあります。だからこそ、**不要なデータ収集を避け、必要なデータに狙いを定めます。**

そのためには収集方針を定めます。そもそもの目的は「**業績向上を妨げている重要課題**

管理情報以外の情報源を知る

目的から逆算して不足している情報を集めるのが情報収集の目的。集めやすい情報をまとめただけでは不十分です。例えば「市場の成長性を示すデータ」や「過去と現在の市場規模を比較するデータ」などは、自社の管理情報以外に目を向ける必要があります。

ここに注目! 情報収集の出発点

市場や顧客について調べる際は、成長しているセグメントに注目すると、自社との比較や、事業ドメインを広げる(→P114)際の参考になります。自社の状況を調べる際は、インタビューで得た課題についての情報（→P66）から、それらを証明するデータを探します。

の発見と、成長機会がどこにあるのかを見極める」ことです。この目的に基づくと、例えば市場のリサーチでは、「対象を成長市場に絞る」という方針が立てられます。衰退市場の情報は業績向上の参考になりにくいためです。

　方針を決めて情報を集め始めると、不足しているデータの種類もわかります。管理情報などの既知のデータばかり集めてしまうのは、ありがちな失敗の一つ。**必要なのは、不足を埋めることで新しい発見が得られるデータ**です。

さらに詳しく

データ収集

集め方のコツを身につけワンランク上の情報収集へ

大きなくくりから細かい部分へ

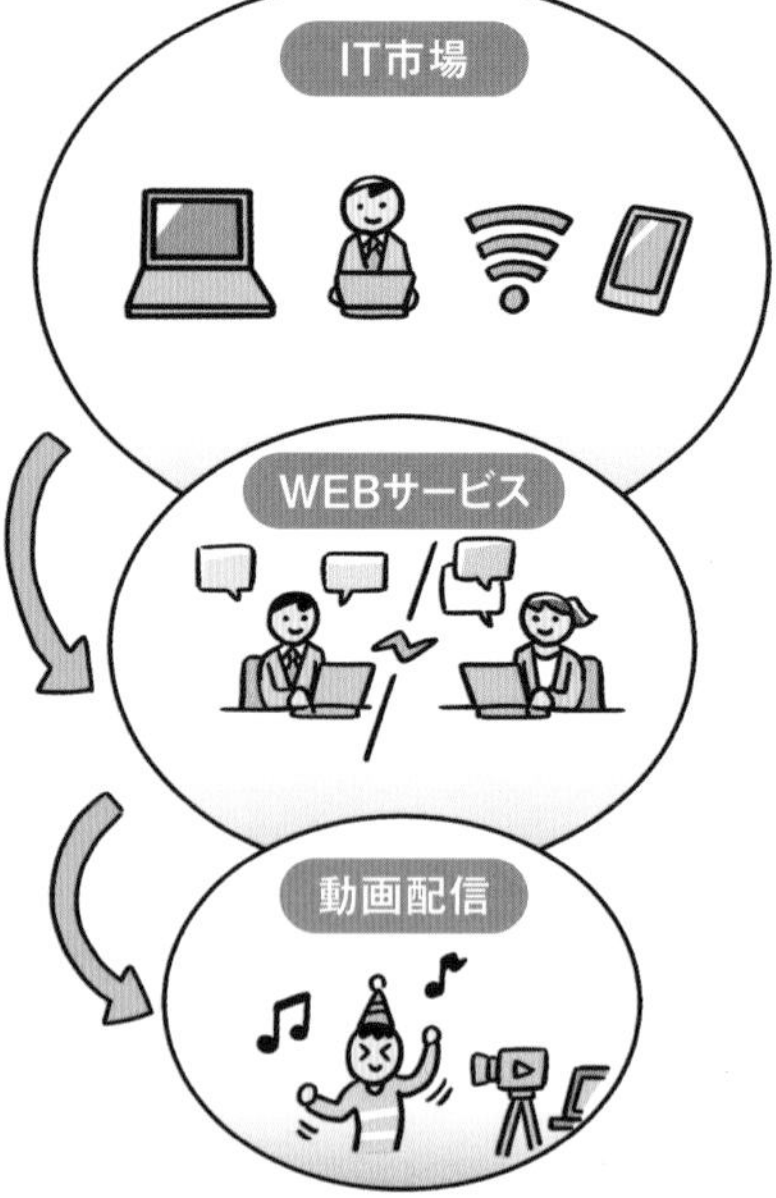

例えば「動画配信サービス」を提供している事業の場合、IT市場の領域、次にWEBサービスの領域…とセグメントを段階的に細かくして対象を絞ります。この手順により、全体の動向から個別の状況への影響までを把握できます。

月並みな公開情報から価値の高い情報を得る

データ集めにはコツがあります。まずは**全体の状況を知るためのデータから始めて、徐々に細かな状況についてのデータを集める**こと。「大きなところから小さなところへ」が大事な考え方です。例えば市場について調べる際は、全体市場に関する情報を集め

Point 1

情報源について詳しくなる

右の一覧は情報源の代表例。政府刊行物は全国官報販売共同組合から購入可能です。公開情報の中でも専門性の高い情報源について知識を増やしつつ、場合によってはリサーチ会社の利用も検討して情報収集の質を高めます。

代表的な情報源

- 業界専門誌やニュースサイト
- 政府の統計情報
- 顧客や取引先からの情報
- インターネット
- リサーチ会社のレポート etc...

Point 2

資料作成者に連絡して詳しい情報を得る

資料に記載されている名前やクレジットなどから資料を作成した人物や団体の連絡先が公開されている場合、作成者に直接連絡してみるのもおすすめです。より詳しい情報、他にない情報を提供してもらえることもあり、リサーチの価値が一段と高まります。

てから、個々のセグメントの情報を集めます。全体像を掴むと、他に必要な情報について見当をつけやすく、大きな要因が細かな状況に影響を与える流れも理解できて、推論を立てる際にも役立ちます。

次に、知りたい情報が「どこにあるか」「どのような資料から得られるか」といった、情報源についての知識を持つこと。なお、公開情報より詳しいデータを得たい場合は、資料作成者に連絡するのがおすすめ。独自の貴重なデータを得られる可能性があります。

チャート分析

ビジュアル化してデータの意味を読み解く！ チャート分析とはなにか

膨大なデータもチャートにまとめることで、起こっていることが理解できるようになります。リサーチ結果や提案のプレゼンテーションを行う際には、数値から読み取れたメッセージを表現するのにふさわしいチャート（→P62）を作成することが大切です。

十分な数値データを集めても、単なる数字の羅列から意味を読み取るのは至難の業です。そのため、数字の動きや状態を形に書き起こして視覚化します。これをチャートといいます。**チャートの形にすることで、変化や傾向を読み取れる**ようになります。

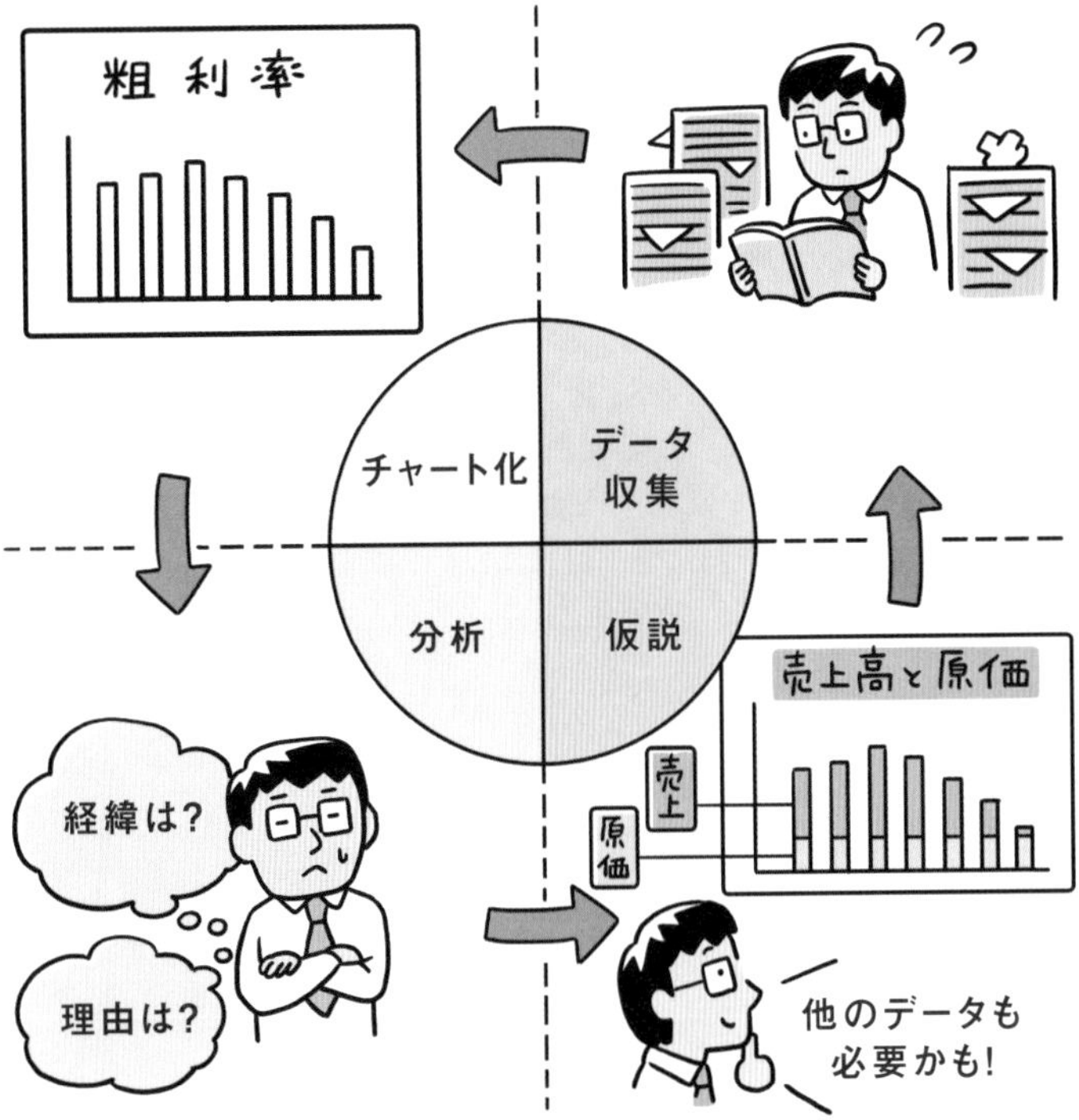

データの意味を読み取るのがチャート分析。例えば粗利率の変化をチャート化して「粗利率が減少を続けている」ことが判明したら、「なぜ減少を続けているのか?」「粗利率を構成する売上高と売上原価はどうなっているのか」など、疑問を持ち、さらなる情報収集につなげることが大事です。

人に**わかりやすく伝えることができるのもチャート化する利点の一つ**ですが、それよりも大事なポイントは、チャートが示すことの背景、**「なぜその形になっているのか」を読み取れる**ようになること。「なぜ変化しているのか」「なぜ差がついたか」といった疑問をチャートに対して持ち、疑問の答えを得るために必要なデータを探す。データを見つけたら再びチャート化して、「なぜ」を考える。この繰り返しが情報収集の核となる部分なのです。

さらに詳しく
チャート分析

正しい分析は正しい作図から チャート作成のルール

売上高の推移

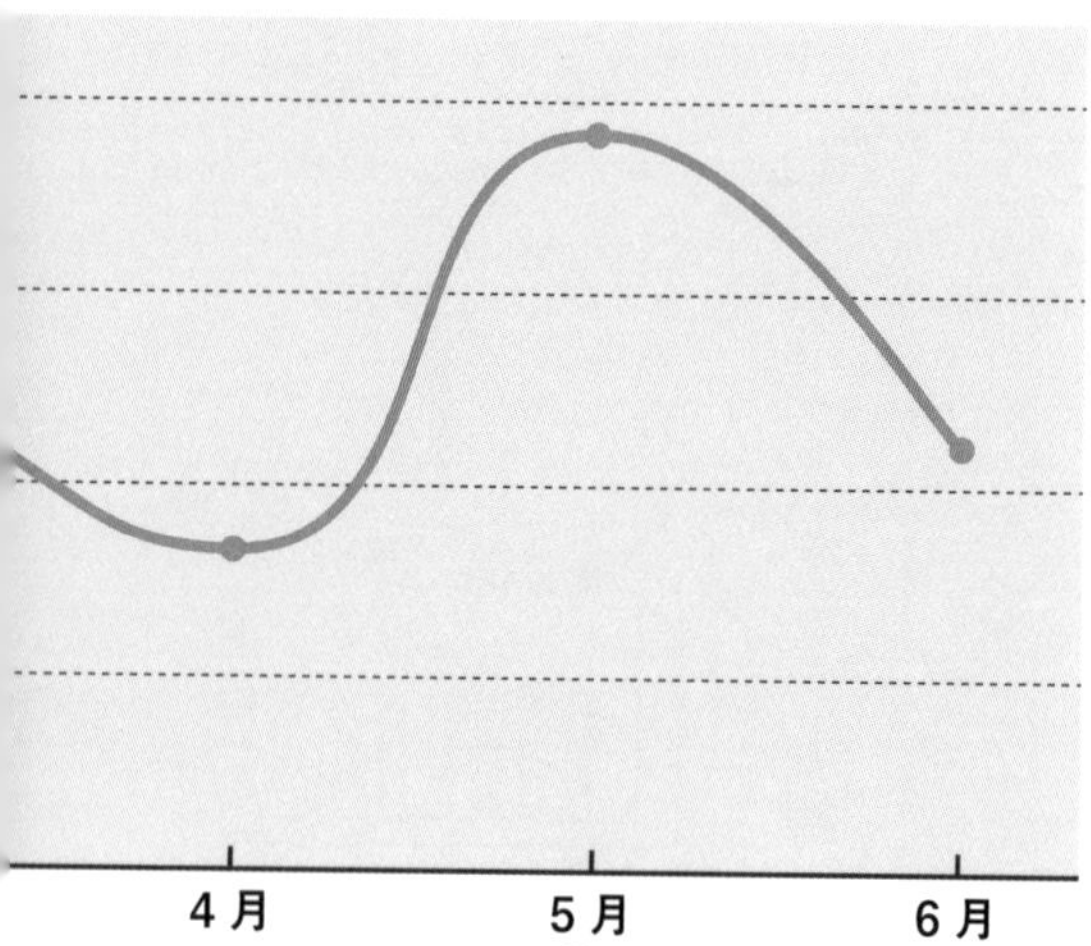

2
タイトル、目盛など必須項目をおさえる

どのようなデータかを伝えるタイトルと、メッセージが伝わるような単位と時間軸を決める。

伝わるチャートに必要な3つのルール

データをチャート化する際、いくつかのルールをおさえることで人に伝わりやすいチャートを作れます。

1つ目のルールは、「**ワンチャート、ワンメッセージ**」。1つのチャートには関連性のあるグラフのみを入れ、1つのメッセージで表現するよう

代表的なチャート3選

折れ線グラフ

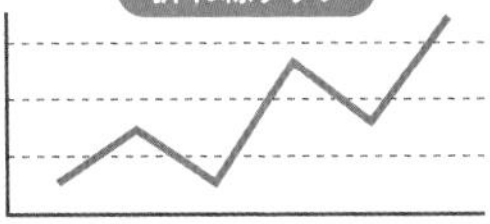

時系列や数量の変化を表現するのに適しています。

例 売上高、利益率の推移　など

棒グラフ

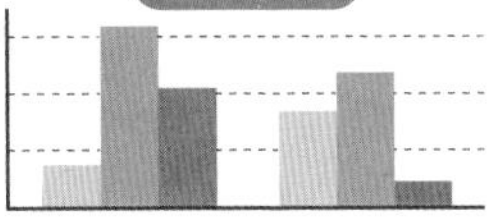

データをカテゴリごとに比較するのに適しています。

例 カテゴリ別売上　など

100% 積み上げ棒グラフ

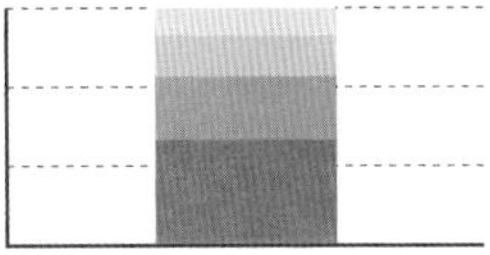

全体の割合や比率を表現するのに適しています。

例 商品別売上高　など

1 ワンチャート、ワンメッセージ

「データから読み取れること」を一つのメッセージにまとめて伝える。

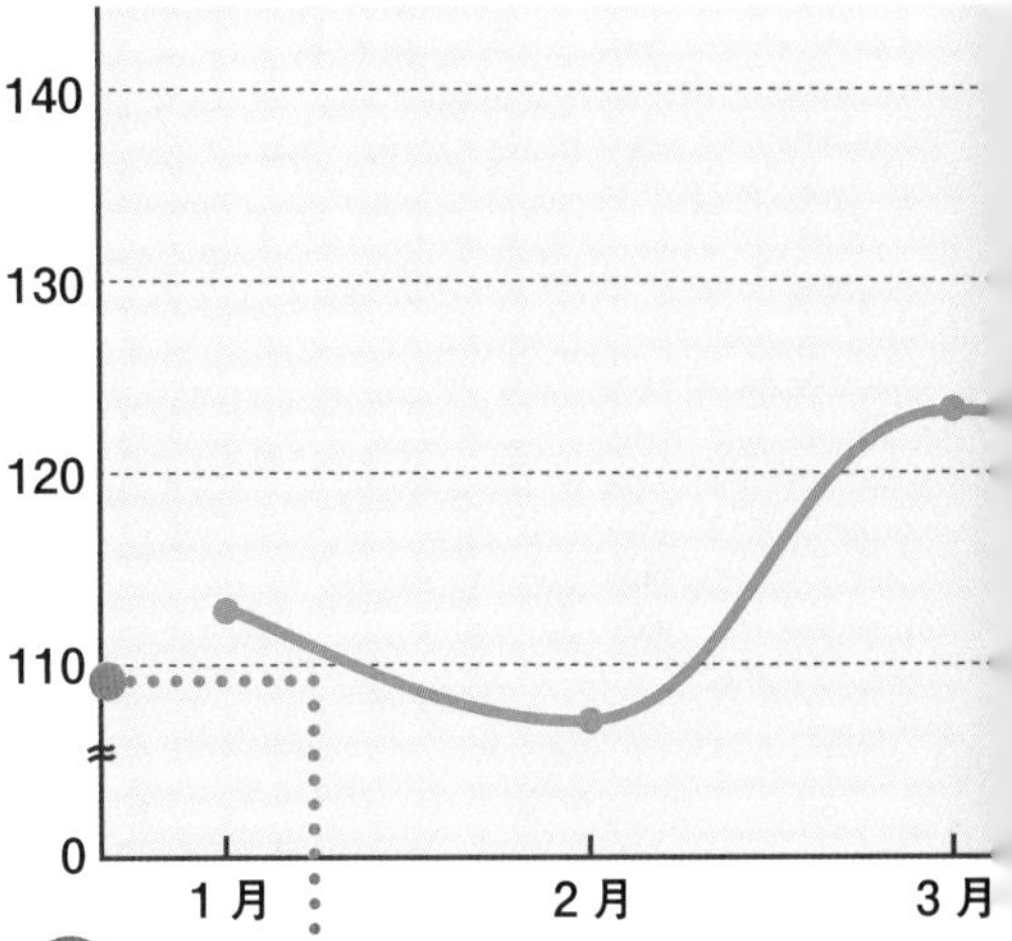

3 項目数、配色、時間軸の見せ方を工夫する

データが大量にある場合も、チャートでは必要な項目に絞り、かつ項目を種類ごとにまとめて並べ、色分けする。

にします。2つ目のルールは、**「タイトル、目盛など必須項目をおさえる」**。データを表す明確なタイトル、軸の単位や時間軸などを記載します。3つ目のルールは、**「項目数、配色、時間軸の見せ方を工夫する」**。項目数や見せる順序、配色などにおいて、読み手が理解できるように工夫して、伝えたいメッセージを作成します。

伝わりやすいチャートは、メッセージの説得力にもつながり、問題解決策の根拠を支える強力な材料になります。

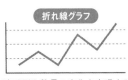

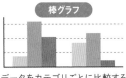

問題発見のTips

2

単なる作図で終わらない 目的別チャートの種類いろいろ

Tips 1

分析チャート

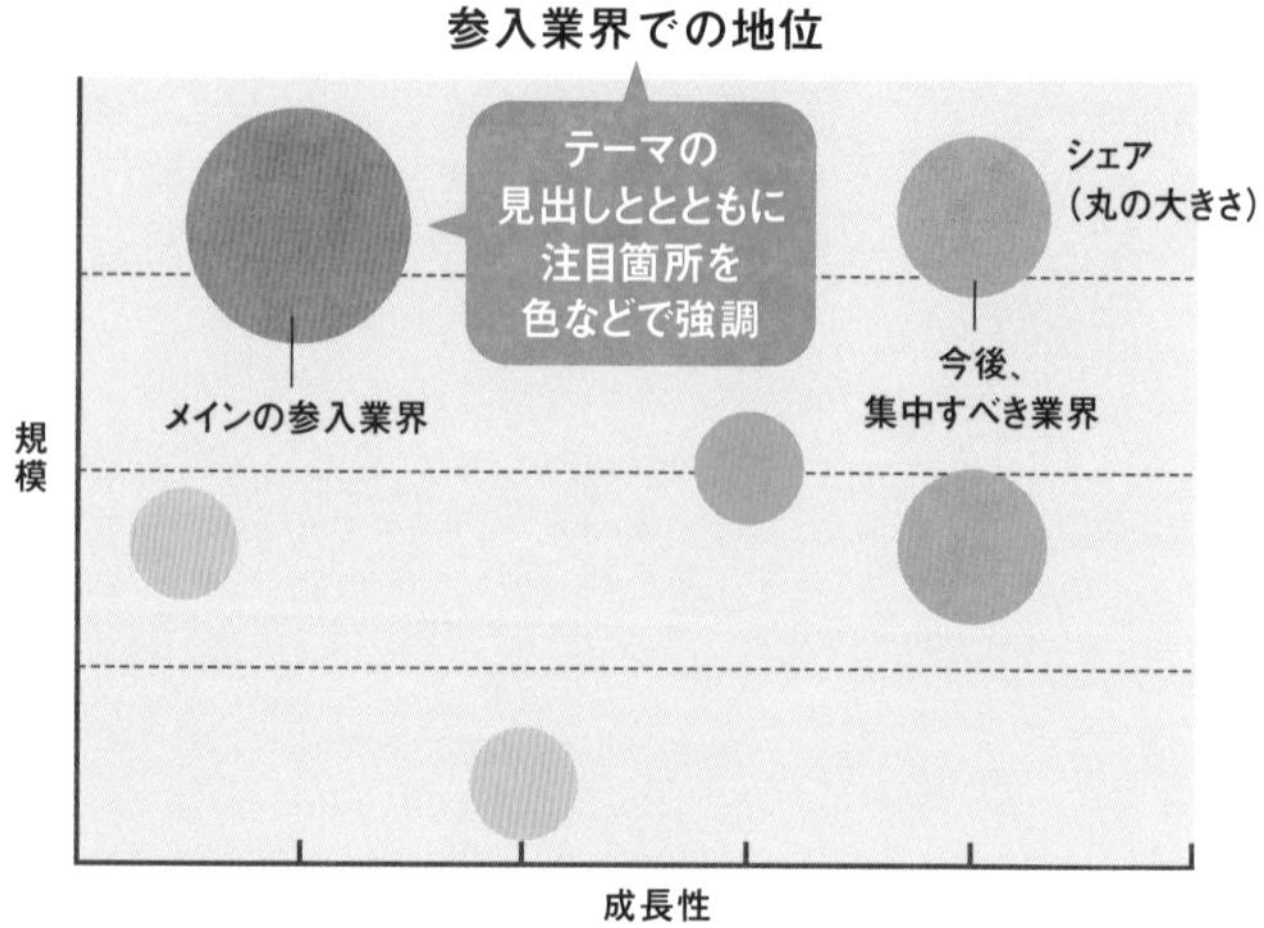
参入業界での地位
テーマの
見出しとともに
注目箇所を
色などで強調
シェア
(丸の大きさ)
メインの参入業界
今後、
集中すべき業界
規模
成長性

複数のデータチャートから読み取った意味合いを一つのメッセージで表現し、それを伝えることができるチャートを描きます。メッセージ、つまり収集データの分析で発見できたことを強調するように、色や形を工夫します。

チャートは目的に応じていくつかの種類があります。前項で例示した、集めた数字をビジュアル化したものは「データチャート」といいます。このデータチャートをいくつも集めて導かれた洞察を伝える手段を、「分析チャート」といい、データチャートとは異なる工夫が必要になります。また、数値だけではなく、モノや言葉の関係について考えを図式化したものを「コンセプトチャート」といいます。必要に応じてチャートの種類を使い分けましょう。

Tips 2

コンセプトチャート

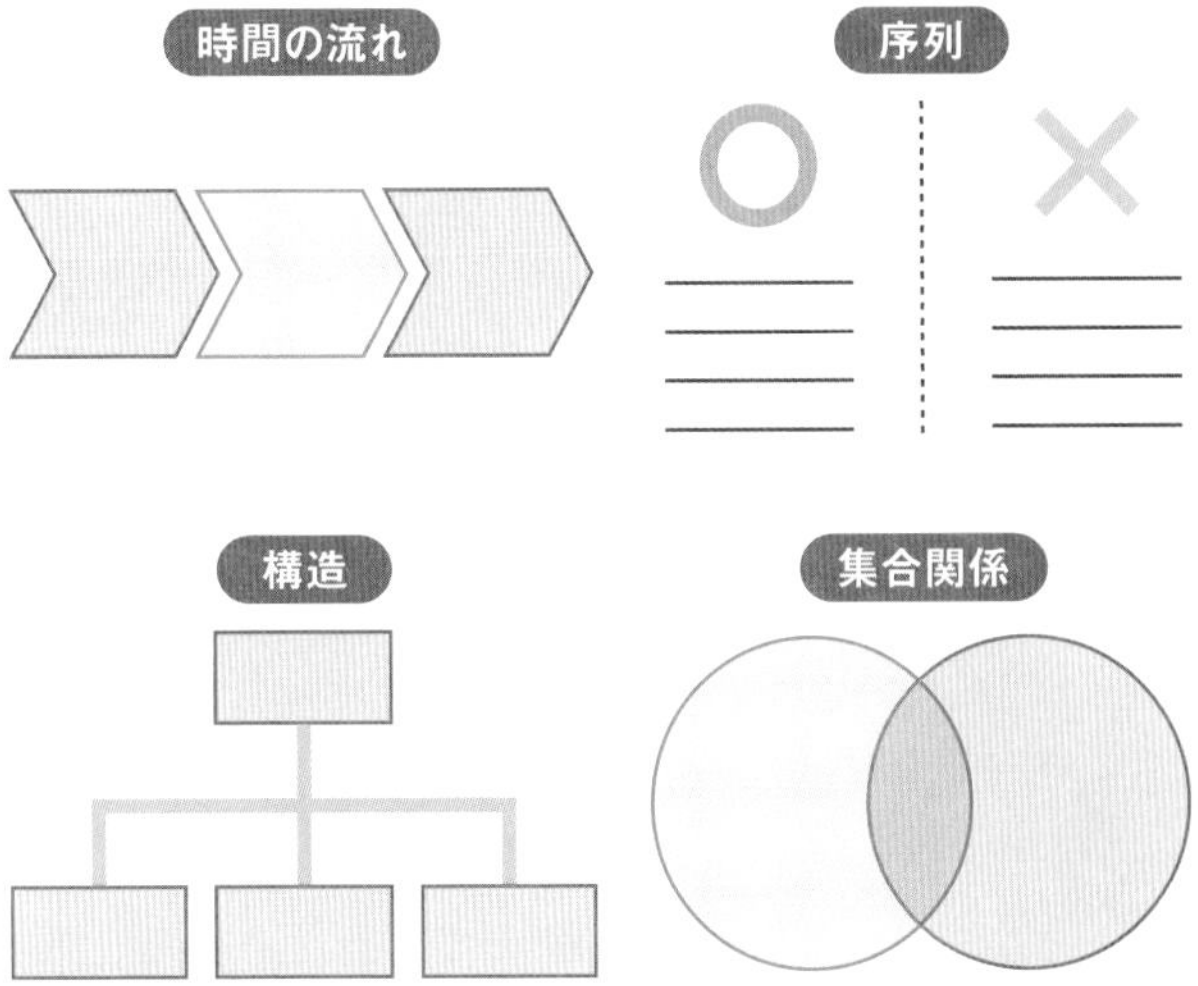

いわゆる概念図とよばれるもの。数値では表せない考え方や定性的な情報について、図式化して説明する際に使われます。自分が伝えたい考えを読み手が理解しやすいように、表現する形を選びます。

さらに詳しく
チャート分析

その形にはワケがある チャートの見方

Point 1

チャートの変わり目 変曲点に注目する

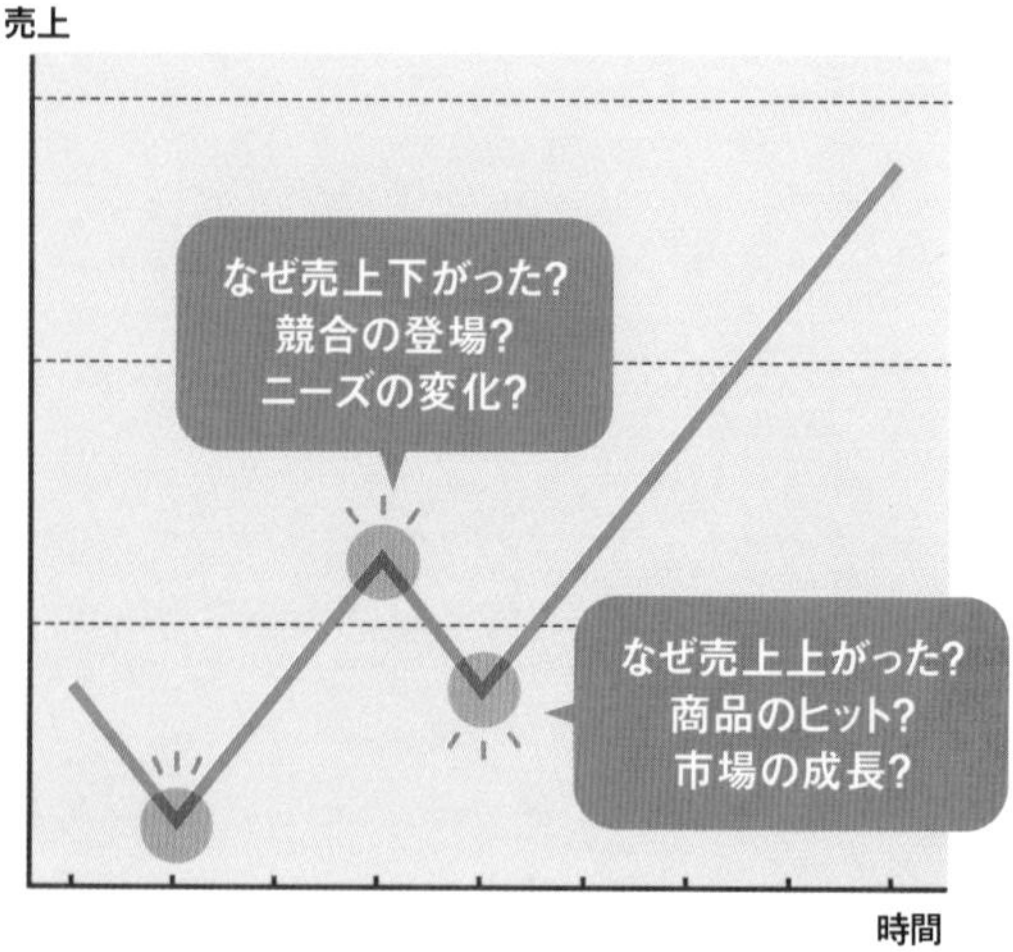

変曲点はチャートの傾向が変わった重要な節目。変化の理由について「なぜ?」を深掘りすることで、他に必要な関連情報について見当をつけられます。

疑問のきっかけを得る 変化と違いに注目する

数値データの分析を専門に行うプロの間では、複雑な手法が使われることもあります。しかし問題解決の基本においては、考えるきっかけを掴むために**シンプルなチャートを用いて、問題につながる疑問点を持つことができれば、十分な理解を得ることができま**

Point 2

比較対象との差を見る

比較の切り口は二つ。異なるものを比較するか、同じものについて過去と現在で比較するか。比較対象との差がどの程度開いているかは重要な判断材料です。比較を行う際は複数の対象、切り口から多角的に見て判断します。

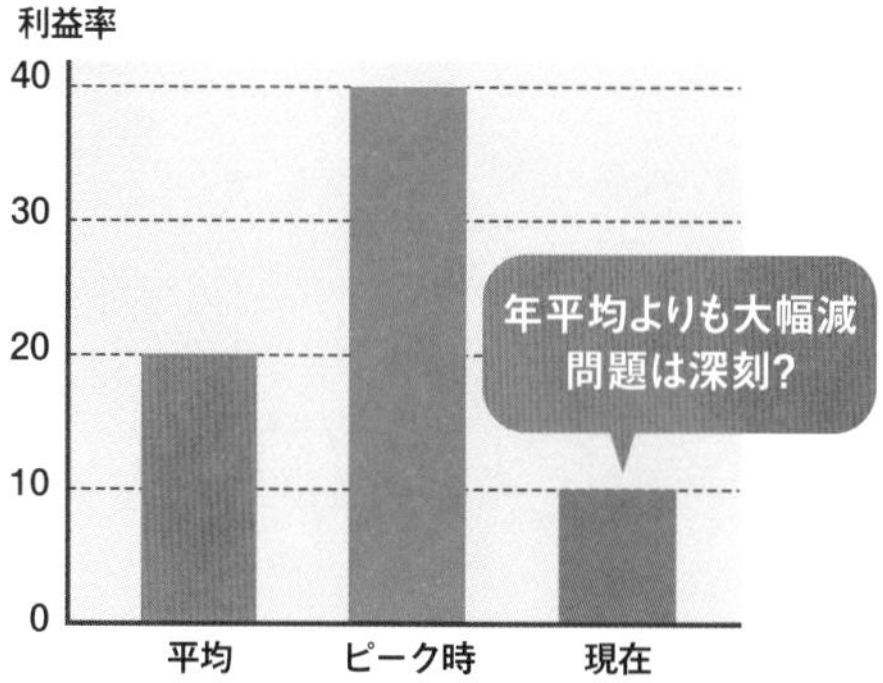
利益率
40
30
20
10
0
平均
ピーク時
現在
年平均よりも大幅減
問題は深刻?

Point 3

時間軸を変えて推移を見る

データを分析する際は、10～20年など、それなりの長さの期間を対象とするのが理想。特に、変化が読み取りづらいときには時間軸の長さやスケールを変えてみると、変化が読み取れる場合も。目的に合わせて時間軸を変えてみましょう。

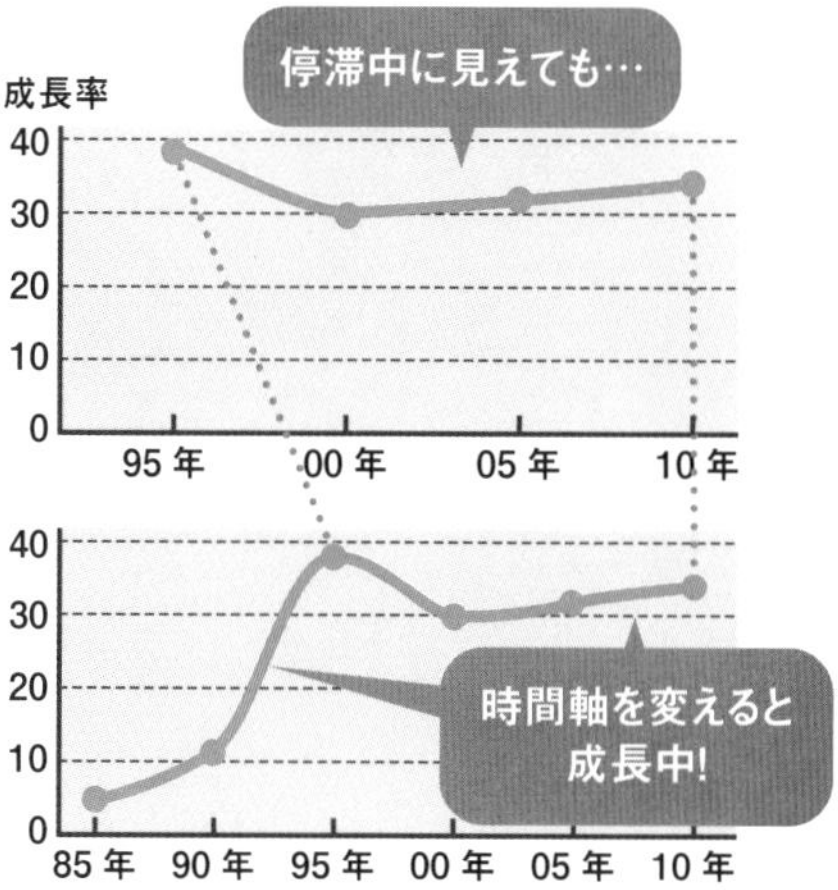
停滞中に見えても…
成長率
40
30
20
10
0
95年
00年
05年
10年
40
30
20
10
0
85年
90年
95年
00年
05年
10年
時間軸を変えると
成長中!

す。ではチャートをどのように見れば、疑問を持つことができるのでしょうか。

注目するべき基本的なポイントは「変曲点」「比較対象との差」「推移」の3つです。変曲点は、数値の上昇・下降の傾向が切り替わったタイミングであり、影響の度合いが大きい何かが起きたことが背景に伺えます。また、比較対象との差を見ると、市場や企業について相対的な規模感や基準を把握することができます。推移からはチャートの傾向を掴むことができます。

インタビューで〝生〟の声を集める

商品の質に
波がある…
良い質問
対話

これまで数値データの収集と分析について見てきましたが、問題解決における情報収集では数値に現れない情報、つまり人の意見も大切です。特に自社のバリューチェーンやインフラなど、定量的な評価が難しい切り口については、まず**関係者の生の声を集める**

インタビューの対象はさまざま

業績向上を妨げている課題を認識している人であれば、自社担当者、顧客の立場を問わず、インタビュー候補です。多視点の意見を集約すると思わぬ発見につながることも。

ことが問題のあたりづけを行う上で有効な手段となります。

意見を集める最も重要な対象は顧客であり、他に問題意識を持った現場の担当者などが挙げられます。**問題解決のためのインタビューは、ヒアリングとは異なります。**聞きたいことを一方的に聞くヒアリングでは新しい発見を得づらいのに対して、インタビューはお互いの視点、考えについてやり取りするため、ときには相手自身が思いもよらない気づきを掘り起こすこともできるようになります。

事前準備

インタビューで〝生〟の声を集める

答えは聞き出すのではなく掘り起こす
良いインタビューの条件

インタビューにおいてやりがちな失敗は、自分の聞きたいことだけを聞き出そうとすること。これでは、相手が持っている大事な考えを取りこぼしてしまいます。

自己中心的なヒアリングを避けるためには、**インタビューに臨む前に誰に何を聞**

聞きたいことだけ
聞くのはNG
え〜っと…
ズィッ

自分の聞きたいことを一方的に聞くだけでは本当に必要な情報は得られません。予め用意した質問、インタビュー前に設定した目的に固執しないことが大切です。

インタビューのNG例

- **質問案以外の話を聞かない**
- **自社商品の紹介ありきの会話**
- **アイデアや提案の押し付け**
- **前提を共有せず結論に移る**

良いインタビューとは質問と対話を重ね、相手の記憶の奥底にある考えを掘り起こすもの。お互いが、問いに対する答えを持っていない状態から、自分も相手も予想外の答えを得られるのがインタビューの醍醐味です。

くのか、インタビューする目的を明確にします。また、相手の考えを深める問いを提起する質問力と、相手の回答や反応を踏まえつつ、話の流れを目的達成に向けてリードする対話力（→P74）が必要です。これらは、普段の会話を行うのとは異なり、意識的に修練する必要がある能力です。

インタビューは答えありきで組み立てるものではなく、自分も相手も答えを持っていない状態から、質問と対話によって、問題を理解するための知恵を得るものなのです。

さらに詳しく

事前準備

インタビューの目的を決める

インタビューで〝生〟の声を集める

質問は詰め込みすぎない

質問案
今日はこれだけ
聞かせてください…
プル
プル…
プル
そんなに
答えられないよ…

相手に貴重な時間を割いて協力してもらわなければならないのがインタビュー。目的を決めずに聞きたいことを全て聞こうとすると、相手の負担になるばかりか、細かい質問にまで時間を取られ、肝心なことを聞き出せません。

目的に沿った質問を適切な分量で

問題解決におけるインタビューの目的は大きく分けて2つ。**「問題の発見」**と**「機会の発見」**です。ビジネスの現場に立っているからこそ見える課題や、顧客と直接対話しているからこそ感じる市場開拓の機会など、様々な立場の視点に基づいた、当事者な

Point 1

目的を自分中心に表現しない

問題を解決するためでも、相手も同じ問題意識を持って応じるとは限りません。相手が自社の社員であれば「会社を良くするため」、顧客であれば「顧客の利益を考えて」など、相手の利益のために実施していることを表現しましょう。

会社をよくするために…
お客さまのために…

Point 2

質問表には情報整理の項目を

インタビューを行う際には、事前に質問項目を大まかに考えておくことが重要です。問いを大項目、中項目に分け、相手の属性や回答のジャンルなどを分類する整理軸を設けた質問表を用意すると、情報を整理する際に役立ちます。

質問表の項目例

- **属性の例**
  年齢、性別、職業、所属組織 など
- **回答ジャンルの例**
  問題別、評価別、トピック別 など

らではの意見を引き出します。

このとき、無秩序に思いついた質問を投げかけると、インタビューは方向性を失い、目的を叶えることは難しくなります。準備した質問にこだわりすぎて対話が行えなくなるのはNGですが、全く準備せずにインタビューを円滑に進めるのも困難です。**自分が何を知りたいのか、目安となる質問項目について、大きな項目を立てて具体的で細かい質問を仕分ける**など、予め目的に沿った質問票を準備すると良いでしょう。

さらに詳しく
事前準備

インタビューで〝生〟の声を集める

インタビューの対象を決める

相手の関心に寄り添う

当社の戦略について、お話いいですか？
え？

インタビューの対象は、全体を俯瞰する責任者から現場の担当者まで様々です。問題意識は人によりそれぞれ異なっているので、画一的な質問にこだわらず、相手の関心事に寄り添った質問をするようにします。

全体を見渡す人物から現場を知る人物へ

目的を決めたら「誰に」話を聞くのかを決めます。自社と顧客、業種によってはエンドユーザー（消費者）も対象に含まれます。

対象は、全体を把握する人物から、現場に近い人物へと広げていきます。**まずは会社全体のプロセス、問題意識を**

Point 1

自社の関係者にインタビューする場合

経営者や責任者に話を聞く場合は、業績向上を阻む戦略上の課題と、課題の原因について、理解できるまで聞き続けます。現場の担当者に話を聞く場合は、大きな問いに加えて現場レベルの課題について話を聞きます。

戦略について…

Point 2

顧客企業にインタビューする場合

顧客企業が抱えている問題、満たされていないニーズの話から、「自社が顧客に対して貢献するために何をすれば良いのか」という点に踏み込みます。顧客の業績向上を支援するために、自社がどんな価値を提供できるか理解します。

お困りごとは…

持っている責任者へのインタビューで、問題の全体像を把握します。この過程で、重要そうな論点を得た場合には、それについてよく知る現場の人物を紹介してもらい話を聞くことで、詳細な情報や具体的なアイデアを得ます。インタビューは定性的な情報を得ることになるので、重要な課題について証明するデータが見当たらない場合は、アンケートを行います。十分な回答数を得られれば、定性的な回答も、証明に有効な定量的なデータとして扱えるのです。

インタビュー本番

インタビューで〝生〟の声を集める

良質な質問と対話で導く問題解決流インタビュー

業界全体は…
詳しく言うと…
そのセグメントは…

インタビューに臨む場面で、良質な質問と対話を行うにはどうすればよいのでしょうか。

良い質問には順序があります。**はじめに大きな問いから始めて、徐々に具体的な内容を質問する**のです。大きな問いとは、「業績が上がらない理由」などの粒度の高い事柄

対話の主導権を握る

対話の主導権を握るためには、相手の回答から論理的に考えられる別の切り口、「要はどういうことか？」「さらにどういうことが言えるか」といったことを頭の中で浮かべ、話の幅を広げます。

業界全体
の動向は？
そのご意見
もっと詳しく…
このセグメントの
将来性は？

大きな質問から始める

「〜についてどう思いますか？」「〜の未来はどうなると思いますか？」のような大きな問いから始めると、相手の答えの幅が広がります。「どんな〇〇が売れると思いますか？」など、具体的で細かな質問から始めるのは、答えの方向性や範囲を狭めてしまい、話の起点には向きません。

について、答えの範囲を限定しない聞き方をすること。具体的な質問から始めると、答えの範囲が狭くなり、想定を超えた回答を得られません。

良い対話では、相手の答えに応じて質問を続け、話を深掘りして、会話の主導権を握ります。主導権を握るとは、自分勝手に仕切ることではなく、**話の道筋が目的に向かうよう頭の中で幅広い選択肢を浮かべ、相手の回答がより深い回答へと続くよう導く**こと。答えはあくまでも対話の中で生み出されます。

問題発見のTips

3

話を弾ませ成果を出す！ インタビュー NG例と対策

Tips 1

相手が答えに詰まってしまう

相手の関心や想定から外れた内容の質問をしているかもしれません。相手の仕事内容や雑談など、相手の関心事に近く、答えやすい内容から徐々に本題へと切り替えましょう。

Tips 2

質問項目以上に話が広がらない

話の進め方が同意か否定か2択を迫るような質問（クローズドクエスチョン）になっているかもしれません。答えの範囲を限定しないオープンクエスチョンを中心に話を進めてみましょう。

インタビューを実際に行うと、思うような答えを得られないことが多々あるのではないでしょうか。様々な立場の人を相手にコミュニケーションを取るだけでも大変ですが、さらに問題解決につながる話を引き出さなければならないことを踏まえると、インタビューは特別な能力を要する仕事であり、身につけるためには実践が不可欠です。

　以下に、実践する上で知っておきたい、やってしまいがちなＮＧ例と、その対処法を紹介します。

Tips3

意図せず相手の機嫌を損ねてしまう

問題を問題と思っていない相手には、インタビュー自体が不快に思われることも。「問題はありますか?」を「どうなれば理想的ですか?」と言い換えるなど、前向きな表現も試しましょう。

Tips 4

インタビュー後のお礼を言わない

インタビューは相手と信頼関係を築くプロセスでもあります。開始から終了まで誠意ある態度を崩さず、貴重な時間を割いてくれたことへのお礼も、忘れずに行いましょう。

問題発見のTips

4

クセを反省して次に活かすインタビュー後に行うこと

Tips 1

インタビュー後の情報整理はフレームワークを使う

「営業担当にインタビューしたが、話は人事評価への不満にも及んだ」など、インタビューで得た情報が広範囲に及んだ場合、意見を仕分けておきます。意見を共通項でくくる際はフレームワーク（→P82）の考えが役立ちます。

インタビューの成果を最大限に高めるためには、情報整理と振り返りが重要です。

情報整理では、バリューチェーンのプロセスごとに意見を分類するなど、切り口ごとの仕分けが効果的です。振り返りでは、インタビューの録音を書き起こす際に、内容だけでなく自身の話し方も反省します。会話中の態度や話のすすめ方、言葉遣いなどは本人に自覚がないクセが現れるもの。時間を置いて客観視することで、改善点を見つけて次回に活かせます。

Tips 2

インタビューの振り返りは質問力と対話力を高めるチャンス

インタビューの書き起こしは、自分の話し方を見つめ直す効果的な振り返り方法です。同時に相手の反応も振り返ることで、どのような質問が相手に響き、話を引き出すことにつながったか、質問力と対話力を高めるヒントを得られます。

※録音は必ず相手の許可を取って行いましょう。

問題発見の基本

4

MONDAI HAKKEN NO KIHON

わかったことを要約して本質的な問題を導きだす

いろいろ
わかった!
ペラ
ペ〜ラ
ペラ
結局何が
問題なの?

データを調べ、チャートを分析して、インタビューの意見を集約して、問題を考えるための材料が集まりました。それぞれの情報収集で具体的な問題がいくつか見つかっているかもしれませんが、本質的問題を見つけずにそのひとつひとつに対処しようとする

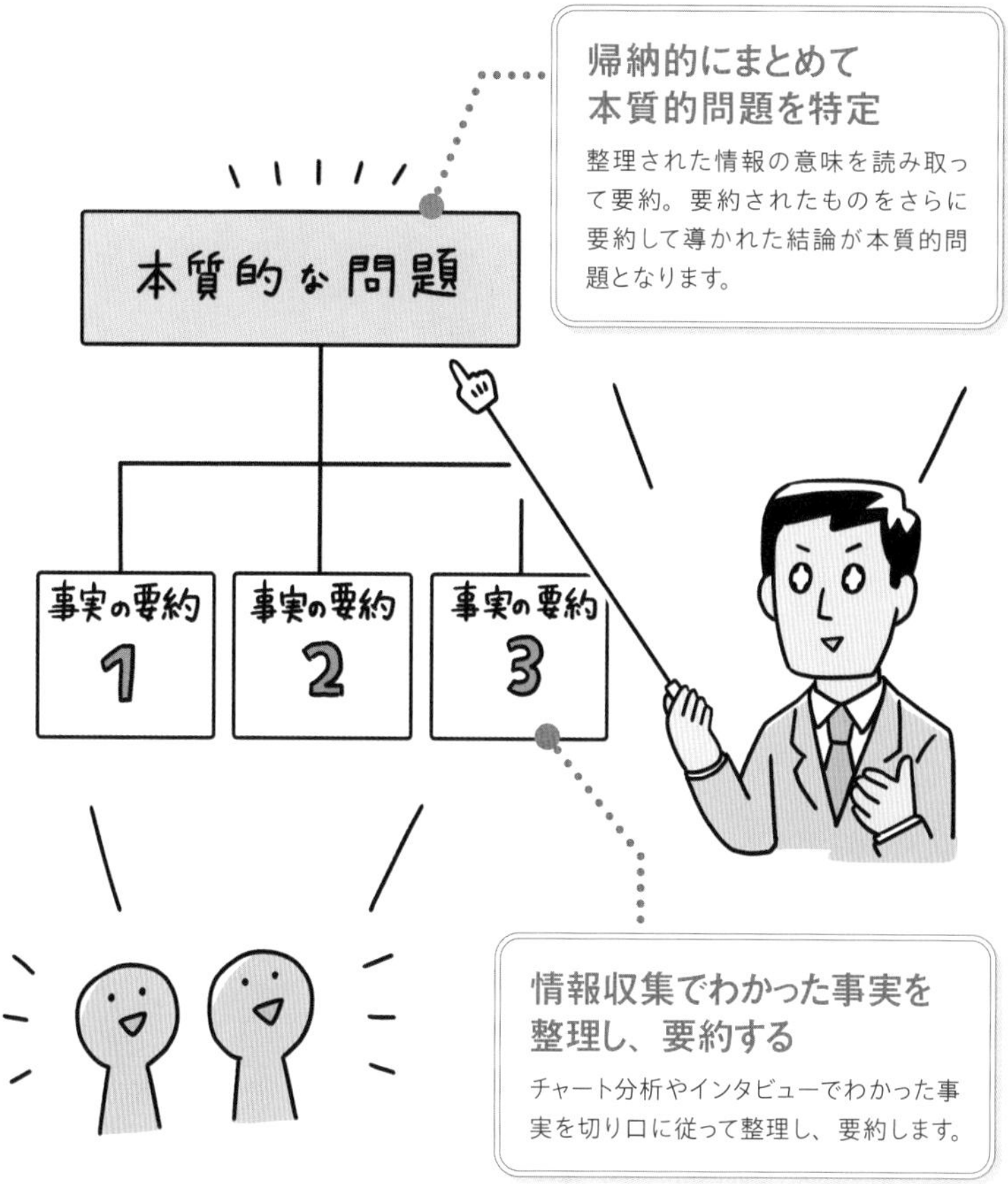
帰納的にまとめて
本質的問題を特定
整理された情報の意味を読み取って要約。要約されたものをさらに要約して導かれた結論が本質的問題となります。
本質的な問題
事実の要約 1
事実の要約 2
事実の要約 3
情報収集でわかった事実を
整理し、要約する
チャート分析やインタビューでわかった事実を切り口に従って整理し、要約します。

のは場当たり的であることは一章で述べたとおりです。

問題解決がビジネスにおいて重要な能力たる所以は、情報を集約して、大事な意味を読み取る点にあります。**意味を読み取るためには、フレームワークを使ってまず情報を整理**します。フレームワークとは、情報の整理の仕方と考え方の道筋を決める思考ツールのこと。本質的問題を発見する最終工程では、フレームワークで整理された情報から、意味を読み取ってまとめる**「帰納的な考え方」を使います。**

情報整理

集めた事実を整理する思考法 フレームワークとは

わかったことを要約して本質的な問題を導きだす

問題の論点を整理して全体像を把握する

先週の金曜日、一人で事務所を清掃したんです。何でこんなに人手が足りないんですか？本部に伝えてもらえませんか？もっとスタッフを確保して、適切なシフト管理をしてほしいです。
つまり…
誰が：スタッフ
何を：仕事の不満
いつ：先週の金曜日
どこで：バックヤード
なぜ：人手が足りない
どのように：本部に伝える

話の内容に含まれる「When：いつ」「Where：どこで」「Who：誰が」「What：何を」「Why：なぜ」「How：どのように」を明確にする5W1Hも情報を整理するフレームワークの一つ。整理することで問題の全体像を漏らさず把握できます。

フレームワークとは、仲間同士の情報を整理すること。高度な分析に限らず、実は日常生活でも使われる身近な思考法です。例えば冷蔵庫に野菜は野菜室、肉はチルド室というように仕分けるのも、ある枠組みのもとに物事を整理するフレームワークの力が働

考える枠組み＝フレームワーク

問題に関する様々な情報について、考えるための基準や観点などの枠組みを設けて整理するのがフレームワーク。問題を自社の弱みや強みの観点で切り分けたり、市場や競合の観点で切り分けたりすることは、実は食べ物などを分類するのと変わらず日常的にも行っている思考の働きです。

肉の分類
飲料の分類
野菜の分類

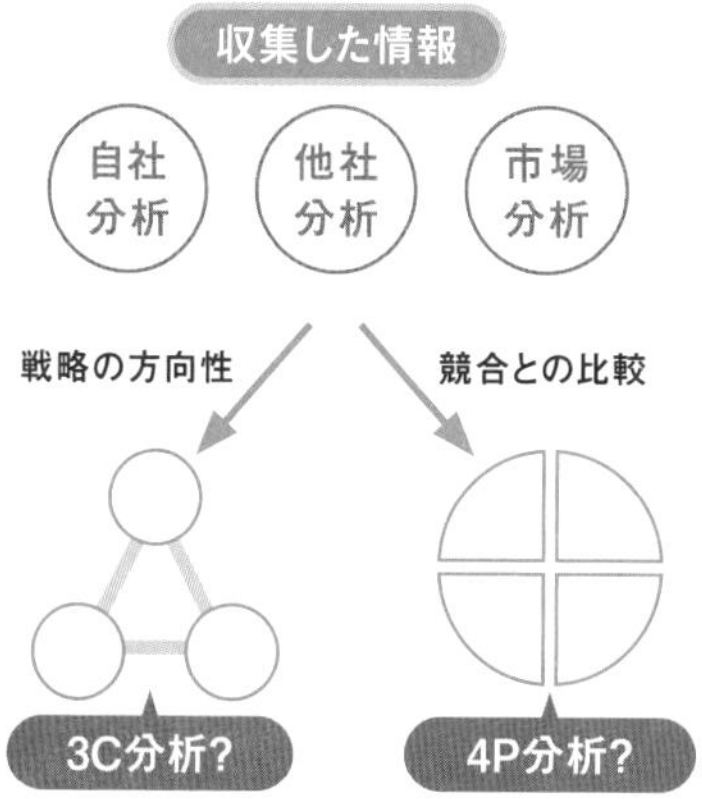
収集した情報
自社分析
他社分析
市場分析
戦略の方向性
競合との比較
3C分析?
4P分析?

目的に応じた枠組みを選ぶ

フレームワークは様々な種類があり、目的によってそれぞれ役割が異なります。情報を整理するだけではなく、価値ある洞察を得るためには、「戦略の方向性を定めるために3C分析を行う」「競合と比較するために4P分析を行う」など、目的に応じたフレームワークを選びましょう。

いているといえます。

問題解決では、たくさんの事実と向き合うことになります。そのままでは糸口がつかめない数々の情報や分析結果も、フレームワークを用いて整理することで、問題に含まれる要素同士の関係性や働きを理解できるようになります。

ビジネス課題を考える上で有用なフレームワークは様々な種類があります。(→P92)問題の構造を捉え、論理的に解決を考えるためには、目的に合ったフレームワークを選ぶことが肝心です。

帰納的思考1

わかったことを要約して本質的な問題を導きだす

要はどういうこと？分析結果の意味合いをまとめる帰納的思考

STEP 1

情報収集

原材料の仕入れ先の一部で、品質不良が多発しています。製造工程の品質管理も不十分との声もありますね。
製造部門では、作業者の技能不足を嘆く声が多いようでした。製品の品質低下にもつながっており、顧客満足度も低下しているようです。
仕入れの遅延で生産ラインが停止することがあるようです。商品の欠陥や配送ミスが原因で顧客からクレームが多く発生しています。

インタビュー内容や分析されたデータについて、**共通の論点を持つもの同士をくくってグループ分けしたあと、グループ内の事実から読み取れる意味を一つにまとめる。これを帰納的思考といいます。**

自社の抱える問題を考えながら、上図の例を見てみま

STEP 2

切り口を整理

仕入れプロセスの問題

原材料の仕入れ先の一部で、品質不良が多発している。これが製品の品質低下や生産ラインの停止などを招いている。

製造プロセスの問題

作業者の技能不足や検査体制の緩さが原因で、不良品の出荷が増えている。製造工程の品質管理が不十分であることが伺える。

販売プロセスの問題

顧客からクレームが多く寄せられている。商品の欠陥や配送ミスに対するフォローも不十分で、顧客満足度の低下を招いている。

STEP 3

結論を要約

原材料の品質不良や製造工程の品質管理不足が不良品の原因となって、顧客からのクレームにつながっているみたい…。品質管理の体制そのものに欠陥がある?

得られた結論から別の切り口が見つかれば、再び事実を集め、帰納的にまとめ上げる作業を繰り返します。

しょう。問題のあたりづけに必要な情報は優秀な部下たちが集めてくれたようです。まずは情報収集で得た事実を並べます(STEP1)。続けて、事実を論点別に整理します(STEP2)。次に、整理した情報から読み取れる意味をまとめます（STEP3）。

このように、帰納的思考により事実の意味をまとめる作業を、市場や顧客など別の切り口でも繰り返し行うことで、**具体的な問題から、より抽象的な事象として、問題の本質に近づいていく**のです。

帰納的思考2

わかったことを要約して本質的な問題を導きだす

3つの切り口に収束させる! 本質的問題を見つける帰納的思考の組み立て

それぞれの要約をさらにまとめて結論を導く

下の3つの切り口ごとに要約した事実から、一つの結論を本質的問題としてまとめて記述する

↑

事実から読み取れる意味を要約する

下に並べた細かい具体的な事実から、読み取れる意味や問題の背景を要約する

↑

集めた情報を切り口に従って整理

種類別に問題を分類(問題は「市場・顧客・競合」「自社の戦略」「自社のインフラ・人員」のどれか)

「インフラ」の切り口

人材の定着率が低く、従業員の技術力・意欲ともに低い傾向にある

帰納的思考によって、本質的問題について結論を出す流れを見ていきましょう。上図では例として、あるメーカーの問題をロジックツリー(→P93)にまとめています。

まず、情報収集でわかった具体的な事実の数々を、「市場・顧客・競合」「自社の戦略」

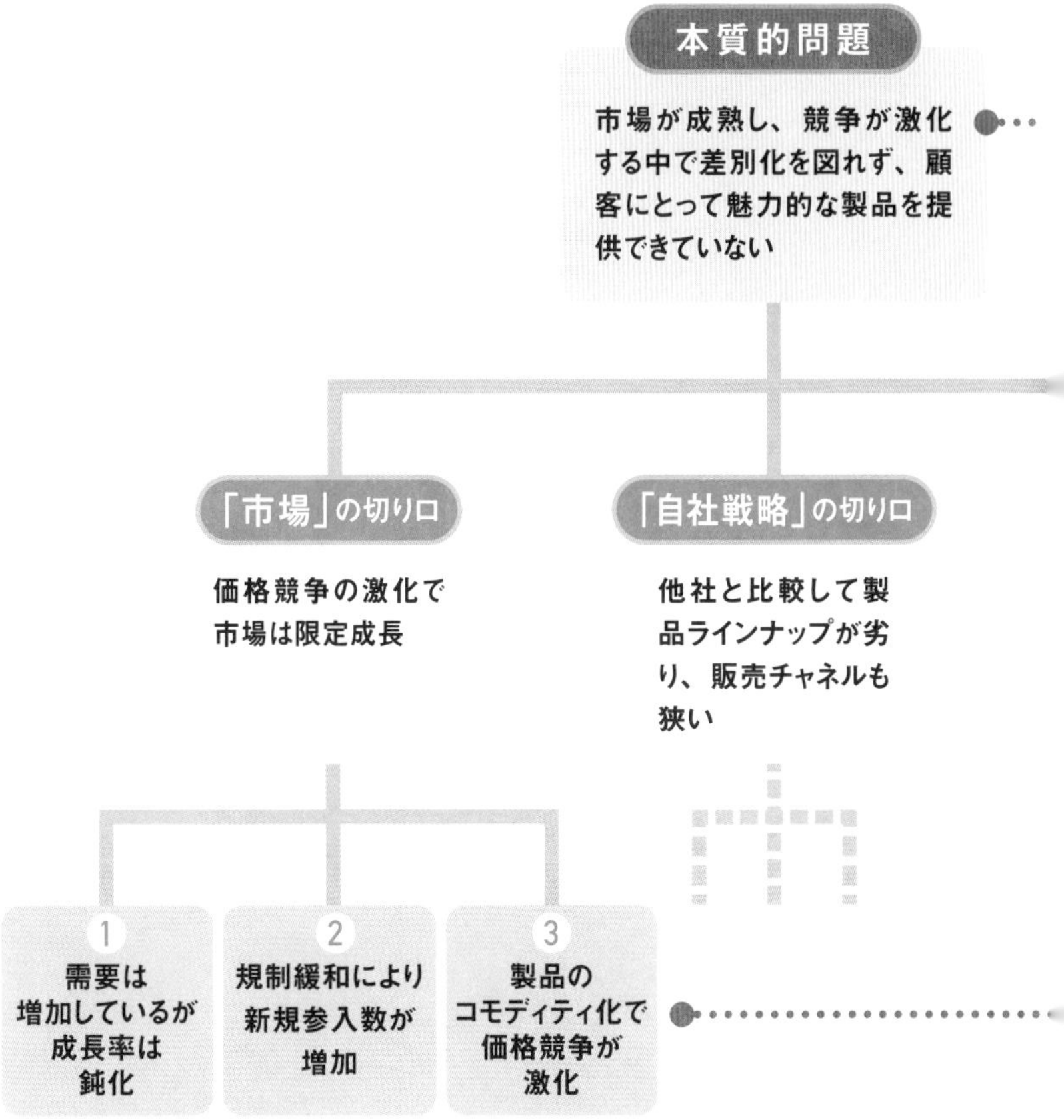
本質的問題
市場が成熟し、競争が激化する中で差別化を図れず、顧客にとって魅力的な製品を提供できていない
「市場」の切り口
価格競争の激化で市場は限定成長
「自社戦略」の切り口
他社と比較して製品ラインナップが劣り、販売チャネルも狭い
1
需要は増加しているが成長率は鈍化
2
規制緩和により新規参入数が増加
3
製品のコモディティ化で価格競争が激化

「自社のインフラ」のうち、どの切り口に属するのか問題を分類します。次に事実の意味を帰納的にまとめ上げる作業を、3つの切り口に集約されるまで繰り返します。なお、実際には多数の事実について要約を繰り返しますが、上図では簡略化しています。3つの切り口にまとまったら、さらにその**3つの意味をまとめたものが、本質的問題**。抽象化を繰り返してわかった、事実に裏付けられた本当に取り組むべき問題であり、ここに解決の方向性があるのです。

問題発見のTips

5

ここに気をつける!
帰納的思考で間違えてしまう5つのポイント

Tips 1

異質な情報を同じ分類に入れてしまう

異なるカテゴリーの情報を誤って同じカテゴリーに分類すると、その後の推論も誤ってしまいます。情報の内容は同じ種類なのかを確認しましょう。

Tips 2

字面に囚われて情報の意味を読み間違う

言葉の表面的な意味に囚われると、情報の本来の意味を読み間違えてしまいます。文脈も含めて慎重に考えて、本来の意味を正しく理解することが重要です。

Tips 3

要約で、必要な情報まで捨ててしまう

思い込みや、自分の関心事へのこだわりが必要な情報を捨ててしまう原因。情報のテーマを考え、要約後に元の情報を読み直して、すべてが包括されているかを確認しましょう。

Tips 4

時系列的な順序が意識できていない

ツリー構造で事実を並べる際、左から右へと事象の時系列が流れるように並べましょう。結論を出す際に、事実同士の影響関係を整理できるためです。

帰納的思考における事実の要約は、単に言葉や事柄を取捨選択して短くするのではなく、事実の背後に潜む意味を汲み取ってまとめる作業。論理的に考える力が必要とされるため、習得には慣れも必要です。一方で、身につけてしまえばビジネスに限らず、日々の困りごとを解決するのにも役立つ心強い考え方でもあります。

以下に挙げた、間違えやすい5つのポイントを参考に、試行錯誤を重ねながら学び、身につけましょう。

Tips 5

文章を短くつなげただけの要約になってしまっている

意味合いのまとめ

きつい仕事が原因で、Aさんは健康的な生活ができていない。

単なる要約

Aさんは栄養と運動が不足しており、メンタルも不調である。

食事

平日は時間がないので、菓子パンばかり食べている。

運動習慣

電車で片道2時間かけて通勤している。休日は疲れて家から出ない。

メンタル

残業続きで心に余裕がなく、イライラしていることが多い。

問題解決における要約、つまり帰納的なまとめは、国語的に文章をまとめるのとは異なり、事実から起こっていることの意味を読み取ります。上記の例における「単なる要約」では、事実が本来意味するところ（労働環境の問題）を捉え損ねています。事実のそもそもの原因を考えることは、帰納的なまとめを行う上でのヒントになります。

問題発見のTips

6

ここから始める!
論理的な考え方のトレーニング

Tips 1

フレームワークのトレーニング

車のように高い買い物をする際は、できれば失敗したくないもの。買い物における自分なりの価値基準（「環境配慮」「見栄え」「価格」など）をフレームワークとして設けて、欲しい物候補の優先づけを行うと、切り口を整理する感覚が鍛えられます。

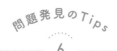

今まで見てきた帰納的思考を用いて、さあビジネスの課題を解決しましょうと言われて、いきなりできるものではありません。帰納的思考は論理的なモノの考え方であり、普段から意識的に使わなければ鍛えることが難しい思考法であるためです。

一方で、意識的に取り組もうと思えば、ちょっとしたことでも練習できるのが論理的な思考の醍醐味。大きな問題でなくても、日々の生活や仕事で試せる論理的な考え方のトレーニングを紹介します。

Tips 2

帰納的思考のトレーニング

帰納的思考を鍛えるためには、事実の全体像を俯瞰して見る習慣を身につけることが大事です。経営戦略に関する書籍に触れたり、経営者になったつもりで課題に接したり、大局的な視点が持てると、帰納的なまとめも取り組みやすくなります。

03

problem solver's column

思考をロジカルに整理するフレームワークとは

ビジネスにおいて役立つフレームワークはたくさんありますが、その中でもよく使われる例をいくつか紹介します。

3C分析

顧客（Customer）、競合他社（Competitor）、自社の課題（Company）を分析することで、ビジネス戦略やマーケティング戦略を策定するためのフレームワーク。顧客ニーズに合った商品やサービスを提供し、競合他社と差別化した戦略を構築するために役立ちます。

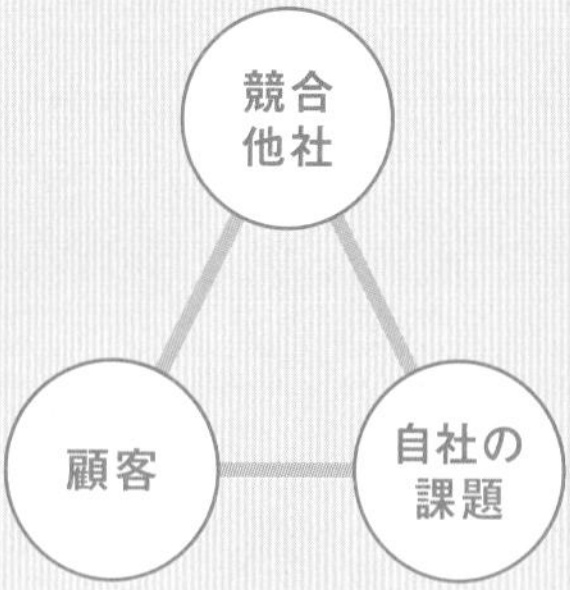

4P分析

商品（Product）、価格（Price）、販売促進（Promotion）、流通・販売チャネル（場所：Place）の4つの要素を分析することで、自社のマーケティング戦略を策定する。競合他社と差別化した製品やサービスを提供し、適切な価格設定、販売促進、販売チャネルの最適化などを行うために役立ちます。

SWOT分析

S
強み
W
弱み
O
機会
T
脅威

自社の強み（Strengths）、自社の弱み（Weaknesses）、機会（Opportunities）、脅威（Threats）を分析し、戦略の策定や意思決定に役立てるフレームワークです。自社の立場を理解するのに役立ちます。

アンゾフの成長マトリクス

製品
既存
新規
市場
既存
新規
市場浸透
製品開発
市場開拓
多角化

製品と市場の成長性に基づいて、市場開発、製品開発、多角化、市場浸透の4つの戦略を示したフレームワーク。成長戦略を「製品」と「市場」の2軸におき、それをさらに「既存」と「新規」に分けるのが特徴。成長戦略を策定する際に広く使われます。

ロジックツリー

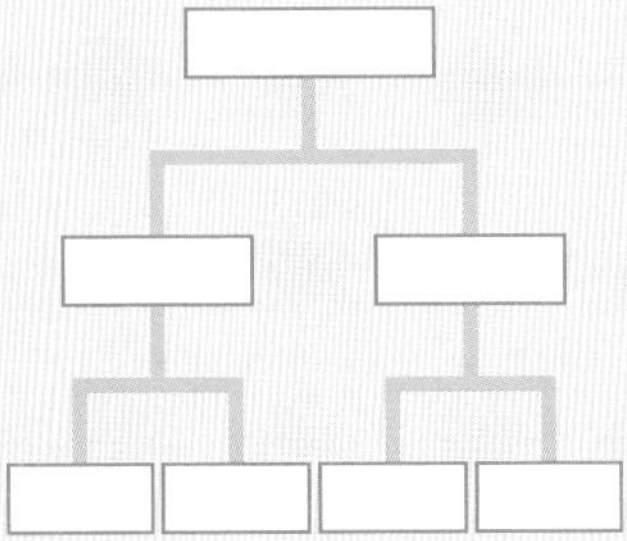

目的を達成するために必要な手順や条件を階層的に整理するためのツール。考えの出発点から枝分かれしていく形で構成されており、分岐点は特定の原因や解決策を記載します。ツリーの下層に行くほど、より具体的な原因や解決策が表現され、問題を分解して整理することができます。

04

problem solver's column

選択肢の幅を広げる！論理的に考える力がもたらすもの

フレームワークや帰納的思考はビジネスに限らず、日常生活でも活用できます。例えば、晩ごはんの買い出し。買うものをカテゴリー別に仕分けると、必要なのに忘れていた材料が見つかるなんてこともあります。これは大きな分類で仕分けることで、抜け漏れに気づく論理の力です。あるいは、休日にやりたいことが多すぎて時間が足りないとき。具体的なアクティビティ（「読書」「運動」「旅行」など…）から、そもそも自分は何を得たいのか（「リラックスしたい」「ワクワクしたい」など…）を考えることで、時間を節約する別の選択肢（「リラックス目的ならお風呂でいいかも」）を検討することができます。これはまさに帰納的な考え方で、目的の本質に沿った行動ができる例です。

論理的な考え方はビジネス課題を解決するための単なる手法ではなく、人生においても選択肢の幅を広げる、大切なモノの見方なのです。

Chapter

3

「要は、
どういうこと？」

実力レベルに合った解決策を立案する

本質的問題を発見することで、解決策の方向性も決まります。実効性のある策を立案するカギは、会社の実力に合うように施策を具体化すること。考え方のコツをみていきましょう。

Chapter 3

実行できるレベルまで具体化! 解決策の考え方

この章で学ぶこと

- 解決策の方向性は本質的問題により決まる
- 長期的成長には"3つの力"が不可欠
- 施策を具体化するための考え方について
- 切り口は「顧客」「バリューチェーン」「事業セグメント」

長期的成長を実現！解決策は3つの力の取り組みに収束する

長期的な業績向上は、引き上げる力、押し上げる力、推進する力の3つが揃うことで実現します。ただし、業績が伸びるまでには時間がかかるため、施策の優先順をつけて、小さくてもすぐに成果が出るような施策も含めて取り組むことが大切です。

前章で特定した**本質的問題は、解決の方向性を示しています**。その正しさは、集めた情報に裏付けられています。一方で、本質的問題は抽象化を重ねた末の結論であるため、そのまま言葉を言い換えても解決策にはなりません。実行できる策にするためには、抽

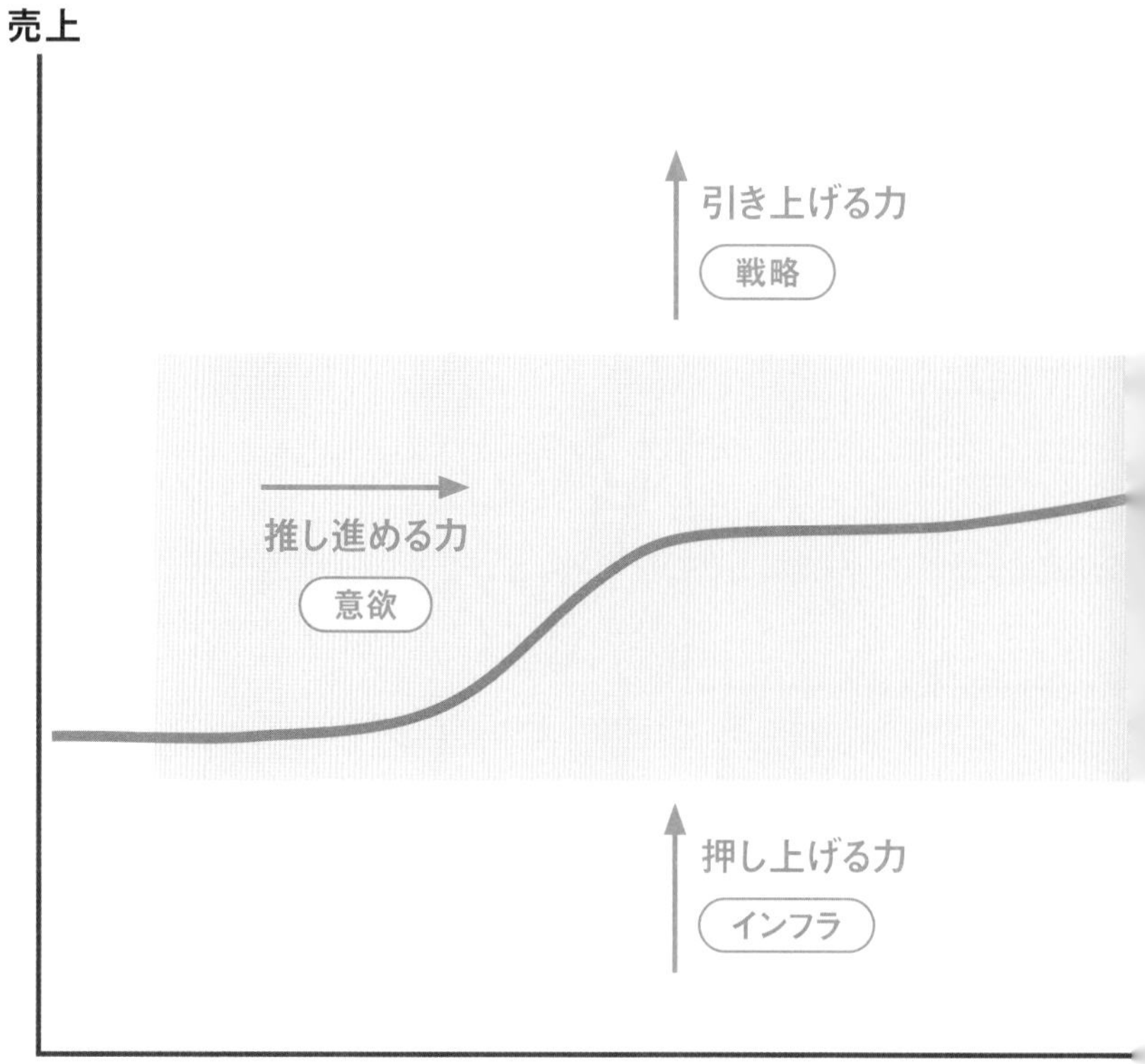

象化とは逆向きに大きな枠組みから細かな枠組みへと、**具体化を重ねる**必要があります。

具体的な施策は、一章でも触れた3つの力、「戦略」「インフラ」「人の意欲」のいずれかに関わります。**3つの力は長期的な業績向上に欠かせない要素**です。3つ全てに取り組むことができれば企業にとって大きな効果をもたらす施策になりますが、現実的には時間もリソースも限られることがほとんど。そのため、**優先順をつけて取り組む**ことになります。

実行できなきゃ意味がない！ 誰もが取り組める形に具体化する

人を巻き込む

実行計画を立てることは必要なステップではありますが、計画だけでは人は動きません。様々な人を巻き込むための働きかけや、協力体制を築く必要があります。(→P122)

具体化は担当者の能力のレベルを理解した上で、担当者たちが実行できるレベルになるまで行います。例えば「新規顧客の開拓」を行うことにした場合、開拓のためには販売部門を強化して、販売を強化するためには営業担当のスキル強化が必要で…と段々と

マイルストーンを置く

スケジュールにはあらかじめマイルストーン（中間目標地点）や進捗を共有する機会を設定して、調整、フィードバックを適宜行えるようにしておきます。

week1
なるほど！
まずは
リサーチから
…

行動できるレベルまで具体化

具体性の欠いた解決策は単なるスローガンです。「何を行うか」については、担当者が実際に行動できるレベルのプランが求められます。立案の段階で、担当者と認識をすり合わせておくことも必要です。

細かく考えます。検討する際はロジックツリーなどを用いて、可能性のありそうな施策を網羅すると良いでしょう。先の例では、販売部門以外のバリューチェーンにおいても、顧客開拓のための施策を検討します。帰納的にツリーを集約していったのとは逆向きに、ツリーを広げていくのです。

　十分な具体化ができたら、**「何を」「誰が」「いつまで」にやるかを明確にします**。どれか一つでも欠けると、せっかくの解決策が空虚なスローガンになりかねません。

具体化

その解決策は同じ抽象度？具体化する際に気を付けること

今月の目標
お客様に信頼される
挨拶を徹底しよう!
環境を整備しよう!
抽象度が異なる

具体化では、**具体性の度合いを揃える**ことが大切です。

上図では「お客様に信頼される」という目標に対して、「環境整備」「挨拶の徹底」という施策が挙がっています。しかし、「環境整備」はやや曖昧で組織的な取り組みも考えられる一方で、「挨拶の徹

抽象度のレベルを検討する

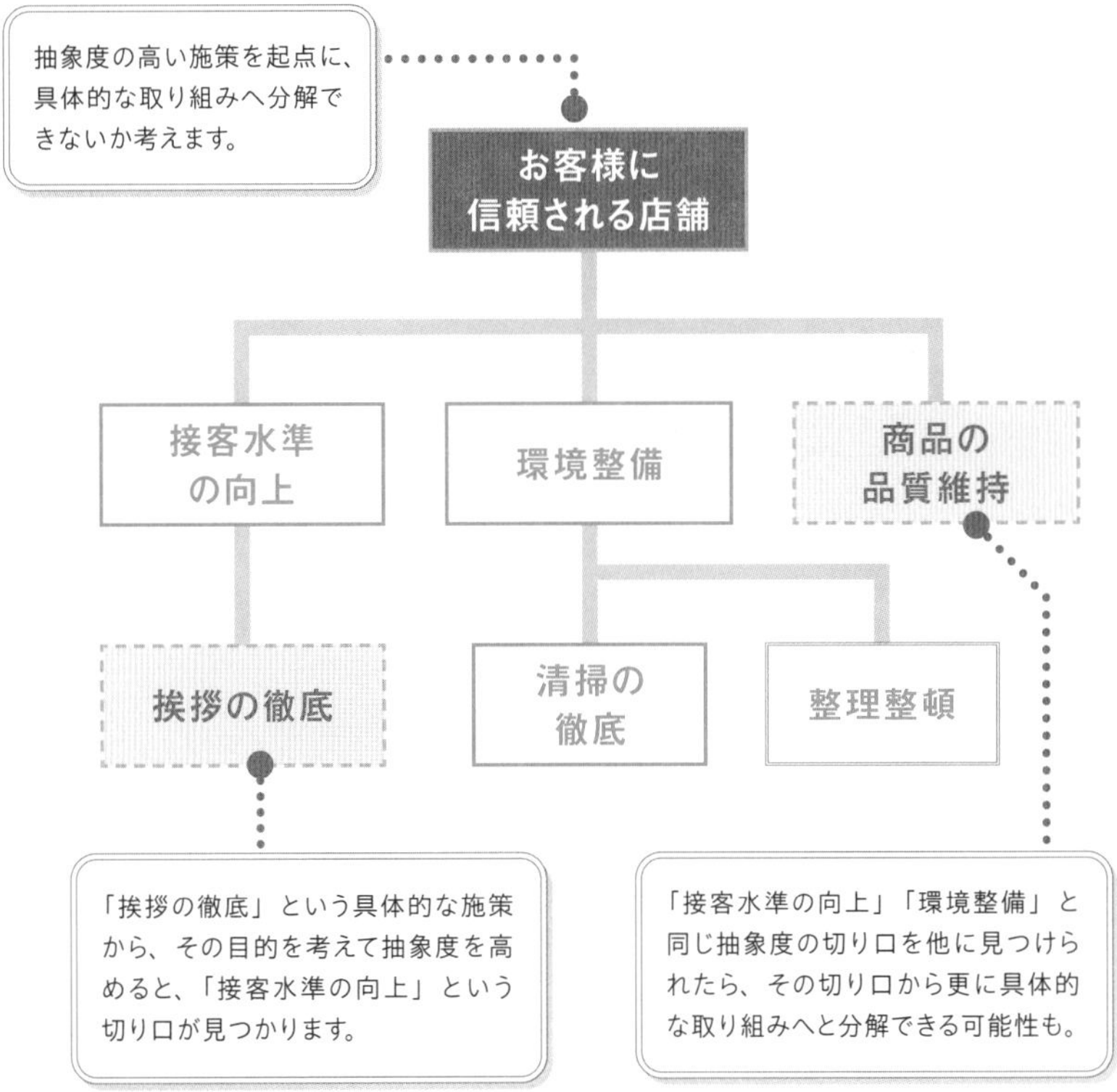
抽象度の高い施策を起点に、具体的な取り組みへ分解できないか考えます。
お客様に信頼される店舗
接客水準の向上
環境整備
商品の品質維持
挨拶の徹底
清掃の徹底
整理整頓
「挨拶の徹底」という具体的な施策から、その目的を考えて抽象度を高めると、「接客水準の向上」という切り口が見つかります。
「接客水準の向上」「環境整備」と同じ抽象度の切り口を他に見つけられたら、その切り口から更に具体的な取り組みへと分解できる可能性も。

底」は個人で実行できるレベルの具体性があります。つまり、抽象度がバラバラです。「環境整備」に対しては更に具体化を検討すればよいですが、見落としがちなのは、具体的な取り組みから大きな枠組みを考えること。「挨拶の徹底」の実施目的には、「接客水準の向上」のような、「環境整備」と同程度の大きな意図があるはずです。この**大きな意図を再び具体化する**と、信頼構築のための他の施策も見えてくるため、より網羅的に施策をおさえられます。

どこで誰に何を提供できるのか？ 立案の切り口を考える

顧客
重要な顧客にターゲットを絞る
P106へ
事業ドメイン
事業運営の領域をどのように設定するか
P114へ

失敗する解決策の特徴として、従来の事業運営から大きくやり方を変えないというものがあります。今までのやり方で問題が起きているので、これではうまくいかないのも当然。**自分たちは誰にどのような価値を提供するのか、基本的な部分までも見直す**新し解決策の立案はゴルフのようなもの。自分の得意なクラブやショットを踏まえて、適切な場所へ狙い打つように、自社の強みを踏まえて、ターゲット顧客や市場を決めることが重要です。

バリューチェーン

自社の強み、提供価値はどのようなものか

P110へ

い取り組みこそが、継続的な業績向上をもたらすのです。

具体的に、成果が出る施策の切り口は3つ考えられます。**「顧客」「バリューチェーン」「事業ドメイン」**です。顧客のニーズが多様化した現代ではターゲットを絞り、バリューチェーン、つまり自社の強みや顧客ニーズをベースにした戦略を立てる必要があります。市場の状況によっては、事業ドメインの位置取りも検討する必要があるでしょう。いずれも業績向上のためには避けられない要素です。

切り口1
顧客

誰に何を提供できるのか?

将来のための優良顧客を知って ターゲットを明確にする

消費者でも法人顧客でも、顧客は様々なセグメントに属しており、その分、ニーズも多彩です。よほど画期的な製品・サービスを生み出さない限り、ターゲットを明確にすることは売上を伸ばす上で必須の条件といえます。

顧客の棚卸し(↓P38)で

管理情報以外の情報源を知る

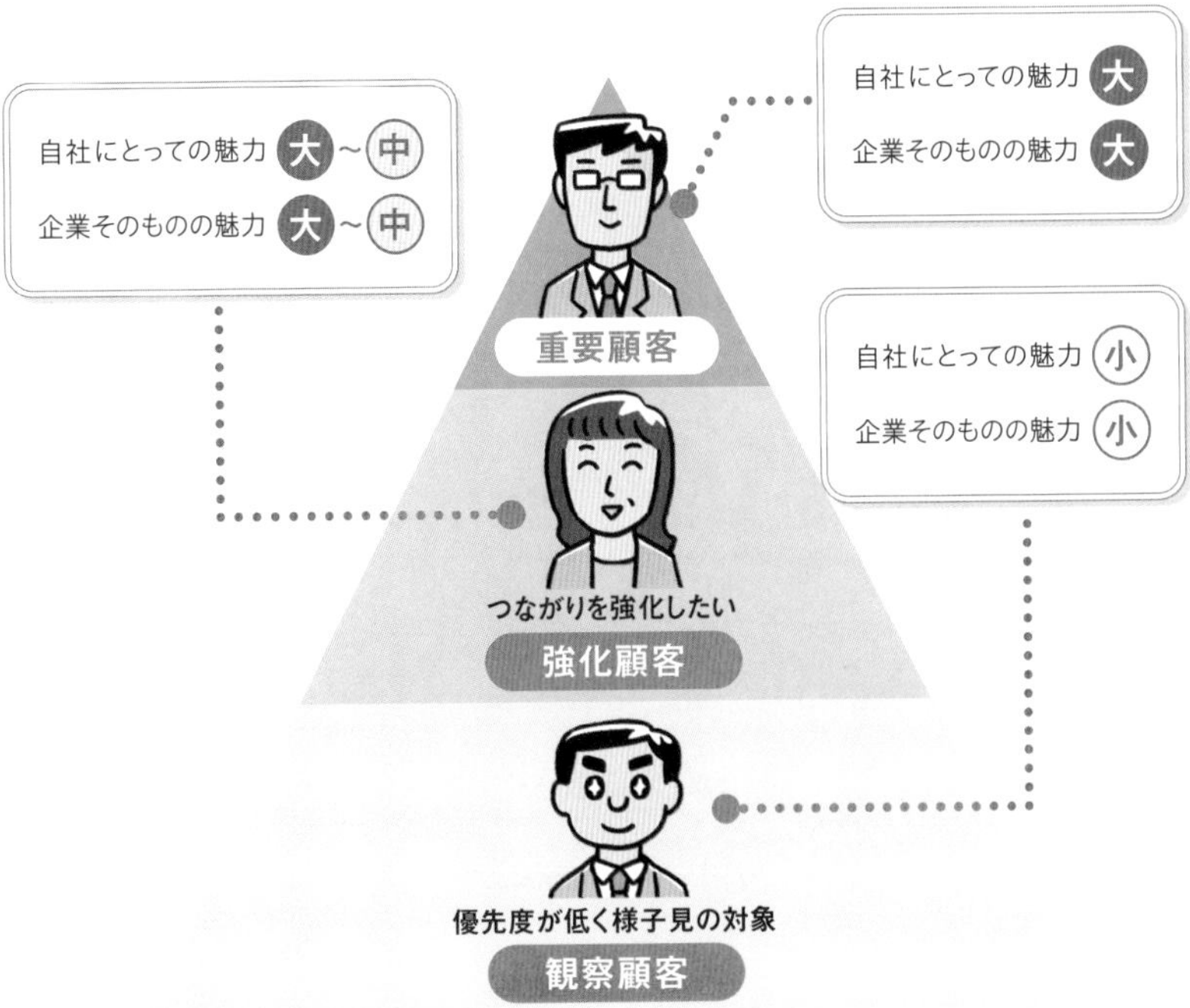
自社にとっての魅力 大〜中
企業そのものの魅力 大〜中
自社にとっての魅力 大
企業そのものの魅力 大
重要顧客
自社にとっての魅力 小
企業そのものの魅力 小
つながりを強化したい
強化顧客
優先度が低く様子見の対象
観察顧客

「企業そのものの魅力」「自社にとっての魅力」という2つの観点で顧客を分けた例。「重要顧客」は最も注力すべき対象です。「強化顧客」「観察顧客」は数が多くなるので、代表的なニーズをピックアップするなど対応可能な範囲を検討する必要があります。

も触れたように、顧客は重要度別に分類できます。分類の仕方は様々な方法が考えられますが、一例として上図のように顧客の魅力を、顧客自体の成長性や事業規模から判断する「企業そのものの魅力」と、自社との取引規模から判断する「自社にとっての魅力」とに分けて考えてみるのもよいでしょう。どのような分類にせよ、自社にとって重要度の高い、つまり**将来にわたって売上を伸ばせる確率の高い顧客の攻略に、資源を集中的に投入する**べきです。

さらに詳しく

切り口1
顧客

ニーズの背景まで耳を傾ける 顧客理解のアプローチ

時代はプロダクトアウト？ マーケットイン？

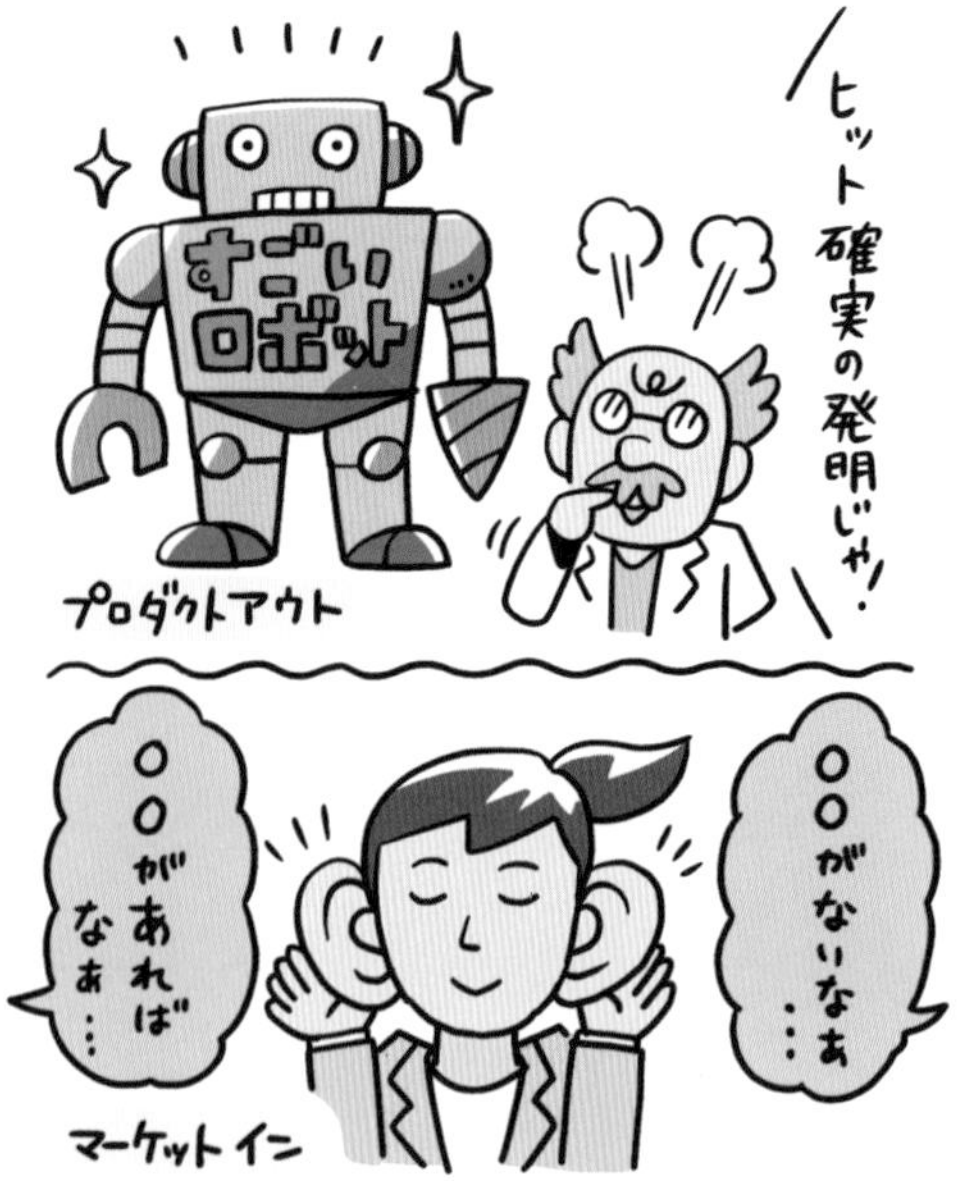
すごいロボット
ヒット確実の発明じゃ！
プロダクトアウト
○○があればなぁ…
○○がないなぁ…
マーケットイン

作り手の理論を優先することをプロダクトアウト、顧客ニーズを優先することをマーケットインといいます。”作れば売れる”経済成長期にはプロダクトアウトが、ニーズの多様化した現代ではマーケットインが重視される傾向にあります。

自社の提供価値と顧客とのマッチング

対象顧客を明確にしたら、次は顧客に合わせた戦い方を検討します。自社製品・サービスを購買する可能性の高い顧客を対象に、顧客が求めるであろう製品・サービス、価格、販売チャネルを決め、認知度を高める、といった取り組みなどが考えられます。

Point 1

顧客の担当者へインタビューを行う

顧客を理解するためには、インタビューを行うのも有効です。顧客が抱える問題を解決したいという姿勢を見せて、顧客の窓口担当者の他、自社製品を実際に使う部門担当者にも話を聞くと、より具体的なニーズに近づけます。

Point 2

ニーズの背景までを聞き出す

顧客のニーズと向き合う際は、「～な製品が欲しい」という声そのものではなく、それらを求める理由までインタビューします。ニーズの本質を探ることで、セグメントを構成する顧客の、満たされていないニーズへの全体観を得られます。

ここで求められるのは顧客への深い理解です。**顧客を理解するということは、顧客が求めているのは何か、顧客自身も正確には把握していないニーズに対して、自社が提供できる価値を考えること**。低成長時代では、いわゆるプロダクトアウト的発想で製品の良さで勝負するよりも、マーケットインの姿勢で顧客と向き合う戦略が適しています。

顧客理解を深めるためには、顧客へのインタビューや購買行動の観察により、ニーズの背景を考えることが大切です。

切り口2
バリュー
チェーン

バリューチェーン上の課題を発見!
課題を解決して強みに変える

顧客の次は、**バリューチェーンを見直します。**顧客によって、バリューチェーンのあり方が変わる可能性もあるためです。強みを構築するためには、構成要素の課題を発見して強化するか、設計の構成そのものを見直すか、2通りの対処が考えられます。

顧客に合わせて
バリューチェーンも変わる

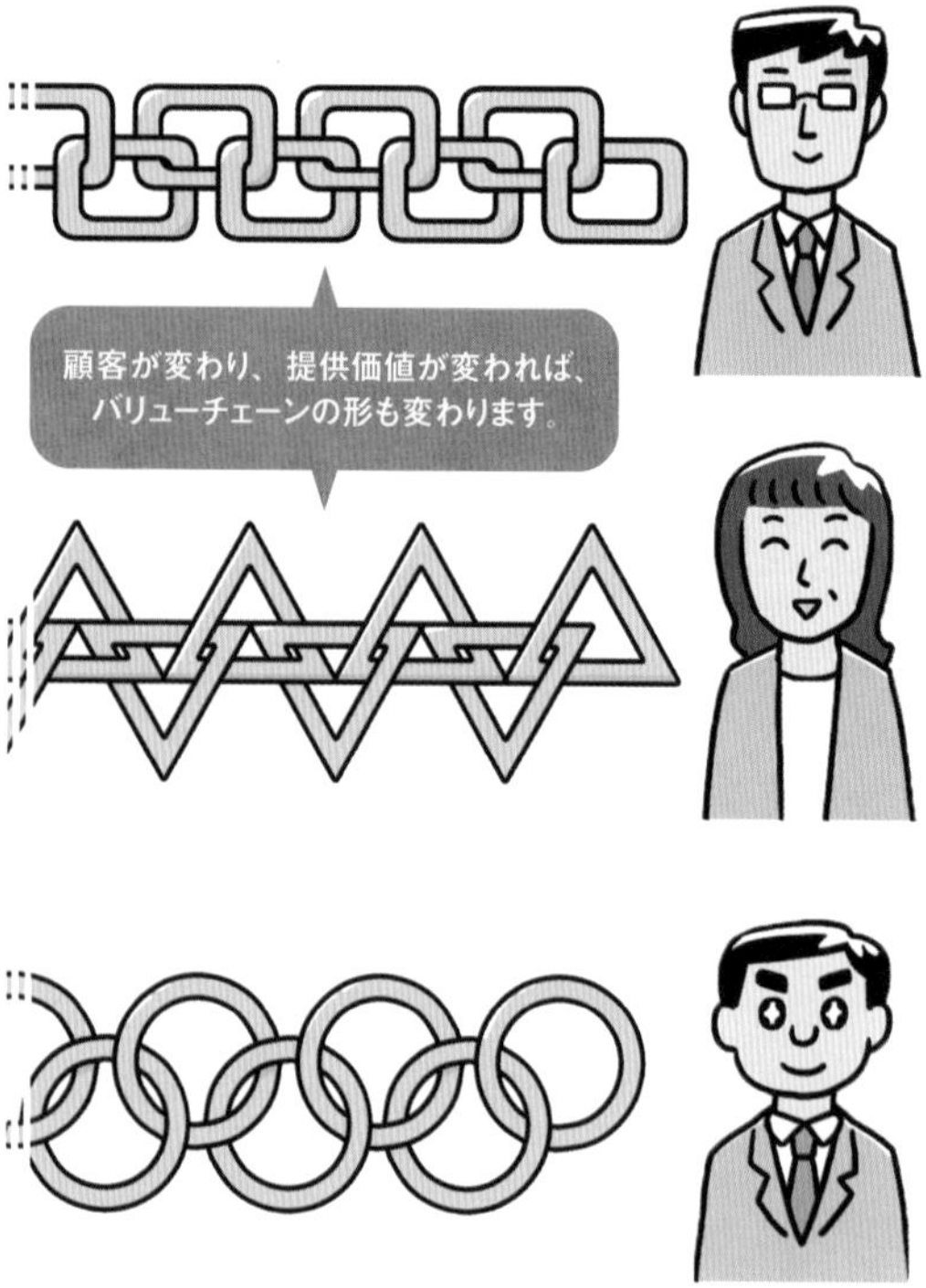
顧客が変わり、提供価値が変われば、
バリューチェーンの形も変わります。

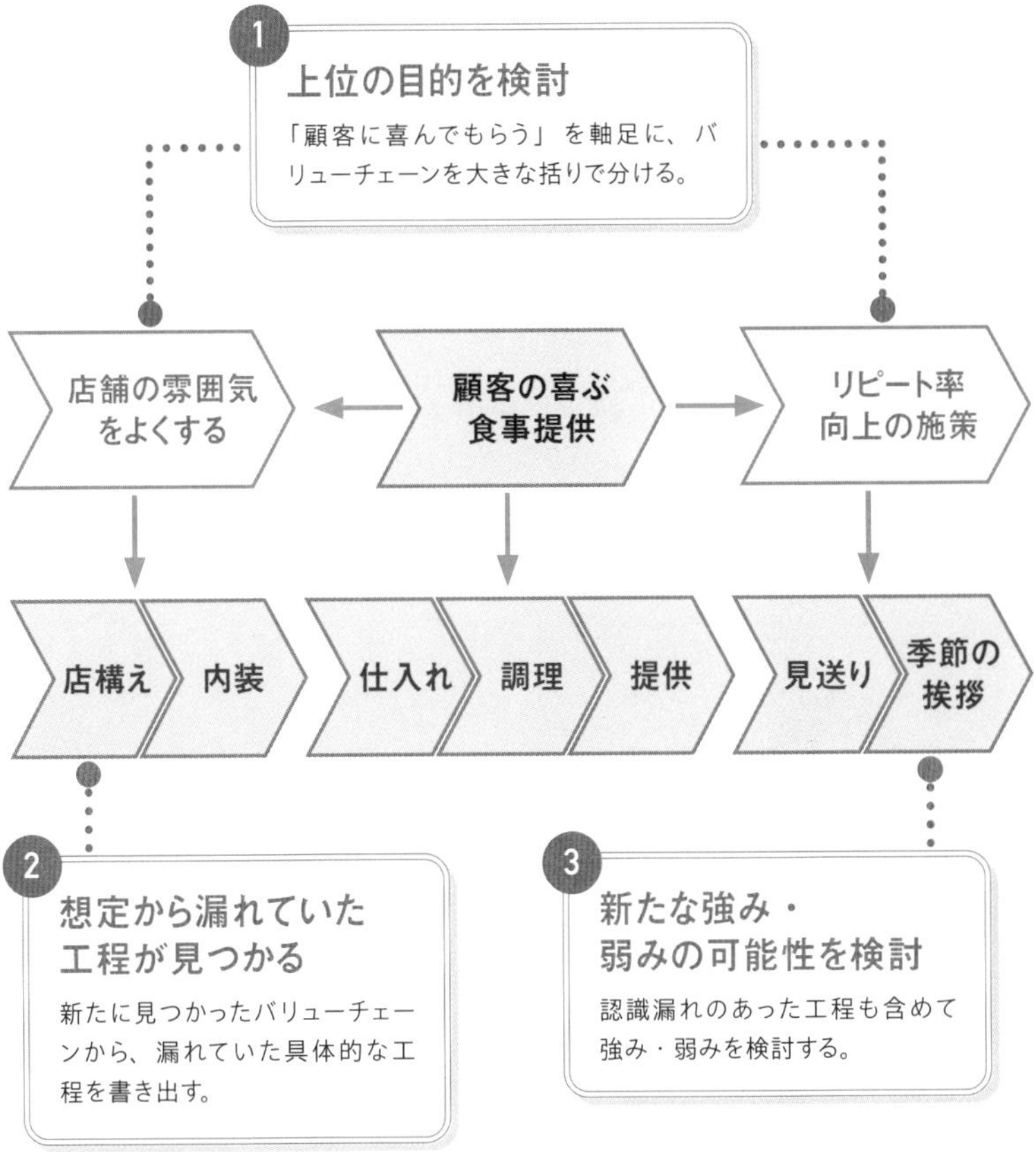
1
上位の目的を検討
「顧客に喜んでもらう」を軸足に、バリューチェーンを大きな括りで分ける。
店舗の雰囲気をよくする
顧客の喜ぶ食事提供
リピート率向上の施策
店構え
内装
仕入れ
調理
提供
見送り
季節の挨拶
2
想定から漏れていた工程が見つかる
新たに見つかったバリューチェーンから、漏れていた具体的な工程を書き出す。
3
新たな強み・弱みの可能性を検討
認識漏れのあった工程も含めて強み・弱みを検討する。

見直しの際には工程を洗い出します。問題発見の章（→P44）でも見た通り、時間の順序を意識しながら事業の流れをまず書き出して、前工程と後工程を考えます。**書き出した工程のどこに課題があるかを判断**する際は、顧客の視点も持つために、インタビューやデータの分析から、客観的な課題を明確にします。自社が考える強みは、思い込みにすぎないことが多いので、課題を発見して解決することが客観的な強みを生み出すことにつながります。

さらに詳しく

切り口2 バリューチェーン

どうやって強みを伸ばす? バリューチェーンを改善するポイント

川上と川下の特徴を理解する

川上の場合

- 開発、製造など上流工程を指す
- バリューチェーン全体への影響が大きい
- 施策の浸透に時間がかかる

川下の場合

- マーケティング、販売など下流工程を指す
- バリューチェーン全体への影響は限定的
- 施策の浸透に時間がかからない

バリューチェーンにおける上流工程の課題解決には時間がかかります。会社への影響も大きいため、抜本的な問題解決は避けて通れませんが、まずは成果の出やすい川下から施策を始めると、のちの施策も推進しやすくなります。

施策の開始地点は成果が出やすい部分から

バリューチェーンを検討すると、部門単独で問題を抱えているケースは少なく、複数部門に問題がまたがる、または部門間の連携に問題が見つかるケースが多いです。

強化すべきバリューチェーンの全てに手をつけられればよいですが、施策を開始して

Point 1

大きな課題の解決に資源を集中する

強化すべきバリューチェーンの要素は、自社視点で重要性の高いバリューチェーンとは異なります。競合と比べて劣っている要素、顧客にとって重要視されている要素に対して、資源を集中して強化します。

Point 2

投資効率の悪い部分は外部と協業

構成要素のうち、投資効率の悪い部門の業務は外部へ委託するという選択肢もあります。ただし、「委託した分野に関するノウハウの蓄積は望めなくなる」「協業のためのマネジメントコストがかかる」といった点は留意しましょう。

から成果を得るのに時間がかかりすぎてしまうと、施策全体が頓挫しかねません。そのため、**優先順位をつけて取り組む**ことになります。

優先順位をつける際は、バリューチェーンが持つ2つの性質を考慮します。**1つ目の性質は川上と川下では成果の出るまでの時間や影響範囲が異なること。2つ目は、一つでも弱い要素があると、バリューチェーン全体の弱体化につながること。**投資効率が悪い工程についてはアウトソーシングも視野に入れます。

切り口3
事業ドメイン

立ち位置を考えて強みを発揮！ 事業ドメインを広げる

事業ドメインは
強みを発揮できる領域に
おいしい水
水

事業ドメインは、自社が培った能力が発揮される領域を選ぶ必要があります。市場セグメンテーションが攻めていく具体的なターゲット市場を特定することである一方、事業ドメインは企業の戦略的な方向性を示すものです。

バリューチェーンの強化は競争力の強化であり、シェア拡大の施策と言い換えられます。しかし、市場そのものが縮小傾向にあると、競争力だけで生き残るのは限界があります。この場合、事業ドメインを増やすことも検討します。

事業ドメインとは事業を展

事業ドメインを拡大する際の基本路線は、強みを活かせる関連市場で顧客層を広げること。拡大先では先行企業との競争が発生しますが、拡大先の市場における顧客の満たされないニーズに対応できるバリューチェーンを作り上げれば、後発でも必ずしも不利ではありません。

開する領域のことで、誰に何をどのように提供するかによって決まります。「事業ドメインを広げる」とは、既存事業の製品やサービスを提供するだけでなく、関連商品の販売や新たなサービスを提供することを意味します。

なお、成長市場だからといって自社の強みが活かせない事業ドメインに手を出すのはNG。飲料水メーカーであれば浄水器事業を展開するなど、既存顧客に関する知識やノウハウを活かせる領域へと広げていくべきです。

さらに詳しく

切り口3
事業ドメイン

事業ドメインの広げ方は事業の目的から考える

事業目的から関連事業を検討する

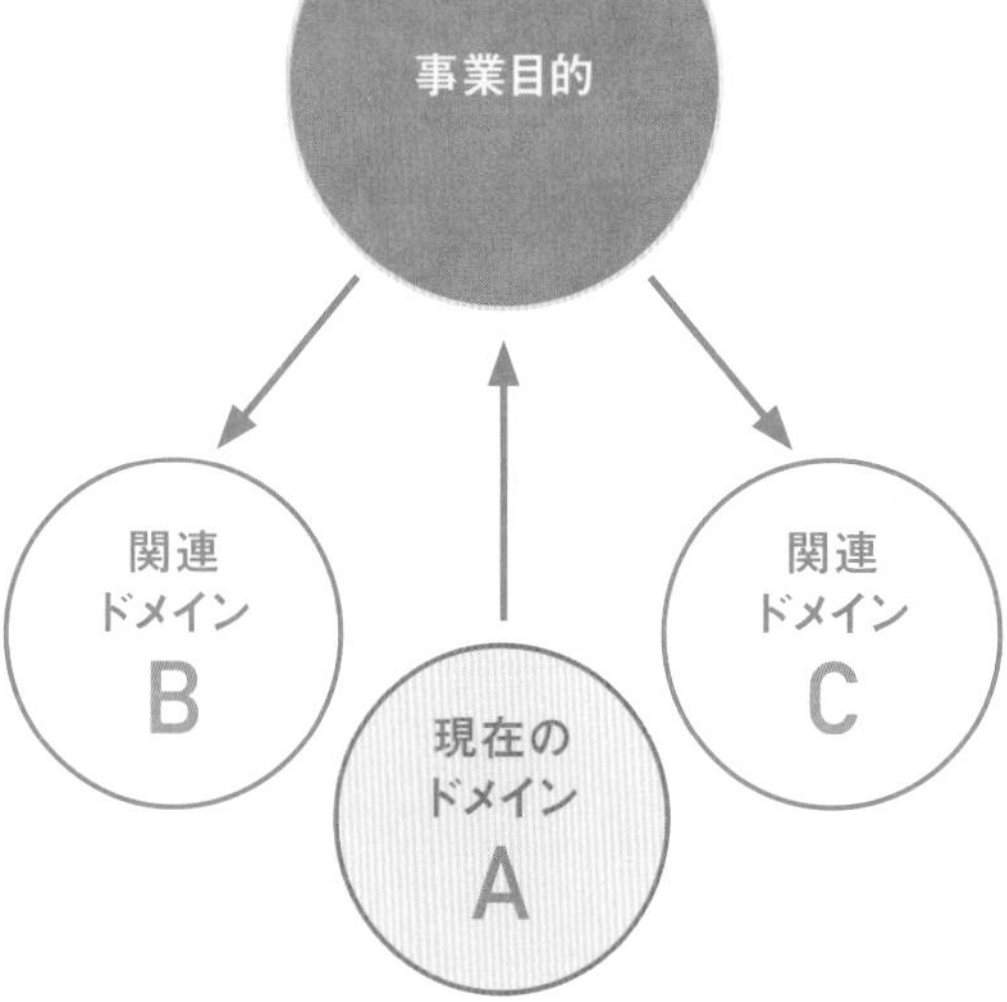
事業目的
関連
ドメイン
B
現在の
ドメイン
A
関連
ドメイン
C

事業ドメインを広げる際には、単に成長市場へと拡大するのではなく、既存顧客についての知識が活かせるドメインを優先。具体的には、事業目的を振り返って、既存の顧客や製品・サービスの提供価値と関連性の高いドメインを検討します。

タニタに学ぶ 事業ドメインの広げ方

事業ドメインの拡大先を考える際には、既存事業が果たすべき役割を、より広い視野から捉えて候補を検討します。例えば、自動車メーカーであれば事業目的を「車のある生活の幸せの提供」に、飲料メーカーであれば事業目的を「心と喉の渇きを癒すこと」など。

強みを発揮! タニタの事業展開

健康に関する様々なプロダクト・サービスを展開するタニタ。フィットネス事業「フィッツミー」では、「タニタ独自の健康管理サポート」を、「タニタ食堂」では「プロフェッショナル仕様体組成計を備えたカウンセリングルーム」を提供するなど、健康づくりに深い知見を持つ企業の強みが活かされています。

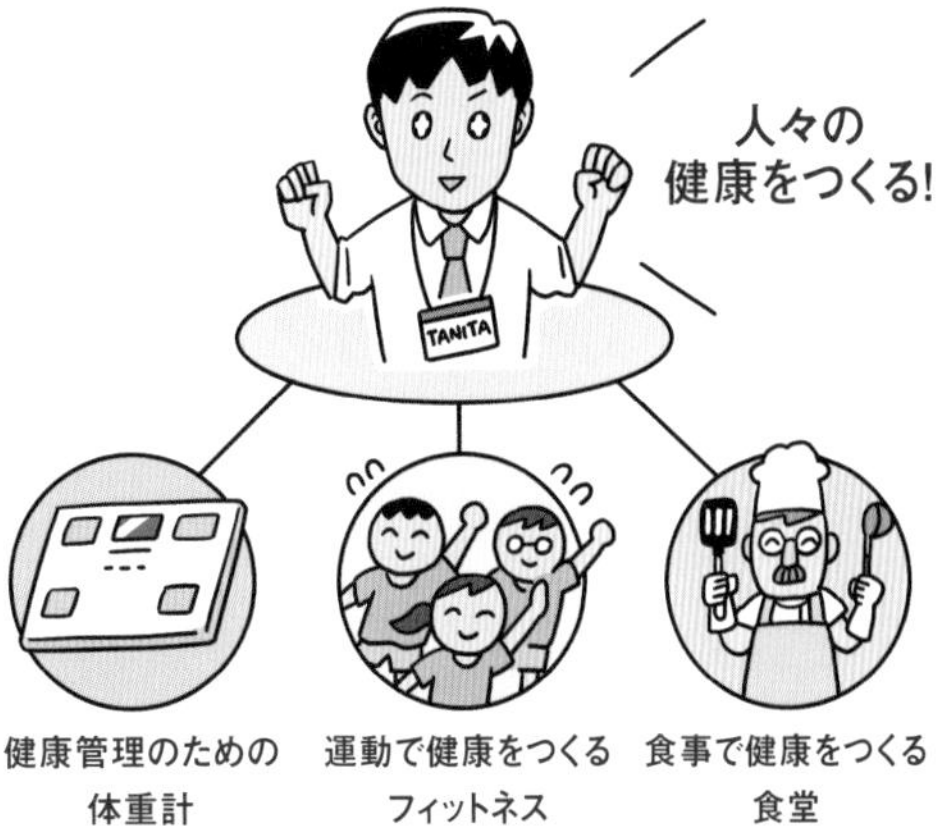
人々の
健康をつくる!
TANITA
健康管理のための
体重計
運動で健康をつくる
フィットネス
食事で健康をつくる
食堂

事業目的によってドメイン候補は様々

ゴルフ上達
ゴルフファンづくり
強みは?
理念は?

同じ事業でも、目的が異なればドメイン候補も変わります。自社の事業がゴルフ場の経営であれば、その目的を「ゴルフのファンを作る」と見るか、「ゴルフをうまくなってもらう」と見るか、強みや理念と照らし合わせることが重要です。

事業の本質に立ち返ると、強みに立脚した事業展開が可能になるのです。

　このように事業ドメインを広げて成功した企業の例がタニタです。体重計などを製造する大手メーカーのタニタは、『「健康をはかる」から「健康をつくる」へ』というコンセプトを打ち出し、フィットネス事業や、ヘルシーな食事を提供する「タニタ食堂」などを展開。「健康をはかる」ことを目的とした**知見の蓄積があったからこそ、ドメイン拡大に成功した**といえます。

05

problem solver's column

問題解決的アプローチでみるアサヒスーパードライの逆転劇

バリューチェーン全体へのテコ入れは難しい反面、得られる成功は大きくなります。その好例が、1987 年に「アサヒスーパードライ」を発売したアサヒビールの成功です。

同商品の発売前、アサヒビールの国内市場シェアは低迷が続いていました。危機に瀕する中で、同社は全社的な取り組みを開始。経営理念を明確化することから始めて、当時は一般的ではなかったマーケティングも導入。消費者の嗜好調査を実施した他、開発はもちろん、大々的な広告戦略、ウリの一つである「鮮度」を守るための流通販売チャネルのテコ入れを行うなど、バリューチェーン全体で施策を実施して、「アサヒスーパードライ」は業界トップに返り咲くほどのヒットを勝ち取りました。アサヒビールの鮮やかな逆転劇は、本質的な問題を見据えて顧客と向き合う取り組みを行ったことで成功したのです。

Chapter

4

改革には
仲間が必要だ

問題解決策の実行

いよいよ解決策を実行する段階です。問題解決は組織を変える取り組みである以上、組織に関わる人々への働きかけは欠かせません。人々をいかに施策に巻き込めるかがカギになります。

Chapter 4

ビジネスを動かすのは結局、人
「人を巻き込む」力

この章で学ぶこと

- 解決策を実行する上で、仕事の使命を理解する
- 立場や部署の違いを超えて、人を巻き込む
- 人を巻き込むために必要な人間力を身につける

解決策を実現するために 1

なぜ解決策の実行は難しいのか

成果を見込める解決策が出来上がったとしても、実行されずに終わることは珍しくありません。解決策の実行が難しい理由の一つは、問題認識が社内で共有されていないことにあります。**多くの社員にとって、問題解決のための取り組みはなぜ行うべきかもわからない、普段の業務に付加される面倒な仕事として捉えられてしまうことが普通です。**そのため、解決策の実行では、目標設定や責任者の決定、スケジュール作成など、「誰が」「何を」「いつまでに」を明確にして、一定の強制力をもったプロジェクトとして仕組みを作る必要があります。（→P100）

一方で、このような取り組みが陥りがちな罠として、数値目標に囚われ施策が形骸化することがあります。数値達成そのものが自己目的化してしまうのです。業績向上の施策は、突き詰めると顧客利益を実現することです。事業活動における本来の使命を理解しなければ、数値の達成のために顧客の信頼を損ねる、社内体制が疲弊するなど本末転倒の事態を招きます。数値目標はあくまで顧客利益の結果として表れるべきです。

つまり、人を巻き込むとは、施策を動かす仕組みと共に、施策への理解浸透を図り、本来の目的に対する賛同者を集めるということなのです。

ここでつまずく！

数値目標を追うばかりで
役割意識が浸透していない

数値目標を達成したとしても、顧客利益の実現や、本質的問題が解消されたとは限りません。「何のための仕事か」という意識が欠けたまま施策を推進することは、本来の目的を施策から失わせるリスクがあります。

これで解決！

会社の価値観や理念を明文化
使命の理解を浸透させる

企業人にとっての仕事の使命は、会社の価値観や理念から導き出されます。誰に向けて、どのような価値を提供するのか、大きな方向性を把握することで、数値以外にも果たすべき役割から仕事を考えられるようになります。

解決策を実現するために

2

解決策の阻害要因は人にあり 推進する力も人にあり

業績が向上するのであれば、社内の誰にとっても得であるはずで、誰もが進んで解決策に協力するはず…。ところが現実はそうなりません。

よくある問題として、役員・管理職の面々がテリトリーを守ることにこだわり非協力的になる、縦割り組織で部門間の連携がうまくいかない、取り組みに対するインセンティブがなく協力者が集まらないといった例が挙げられます。風通しの悪い企業文化、不十分な教育体制、人材の流動化といった問題もあります。3つの力（→P22）のうちの2つ、インフラと人の意欲が機能せず、かえって問題解決を阻害しているのです。

これらの阻害要因を克服するためには、部門や役職の立場を超えて協力することが求められます。会社のトップが全社的な取り組みとして位置付ければ、改革の意識醸成はスムーズかもしれませんが、そこまでは望めないケースも多々あるでしょう。そのため、問題解決に取り組む志のある人が必ず直面する課題は、上司、同僚、部下をいかに巻き込むかという点にあります。

問題解決のカギは人の意識や行動を変えるコミュニケーションにあります。解決策を阻害する要素は人にありますが、一方で、施策を推進する力も人にあるのです。

ここでつまずく！

改革は必ずしも歓迎されず
人が阻害要因となる場合がある

業績向上のための施策が提案されたとしても、過去のやり方を変えられず、現状を維持しようとする企業は珍しくありません。目の前の仕事に取り組む以上のことを望まない組織の体質が、施策の実行を阻むのです。

これで解決！

施策に賛同、協力する人を
立場を超えて実行に巻き込む

決裁権を持つ人物から具体的な業務を遂行する人物まで、阻害要因を解消するには様々な立場の人を動かす必要があります。そのためには、施策の理解浸透や提案、協力への呼びかけなどコミュニケーションが欠かせません。

解決策を実現するために

3

実行の音頭を取る キーパーソンを巻き込む

縦割り組織の弊害や慣習を超えて問題解決を進めるためには、組織の**キーパーソンを巻き込む**ことが不可欠です。内容によっては役員クラスや他部署の責任者とも連携しなければ、実施が困難なケースもあるでしょう。

もしもトップ主導の施策を任せられたのであれば、プロジェクトの最初からキーパーソンに対してインタビューをしたり、絶えず意見を求めたりしておく必要があります。期待の度合いや成果のイメージを聞き出し、また、問題解決の具体的なプロジェクト内容をキーパーソンに共有することから始めます。その上で音頭を取ってもらい、**現場の知識が必要な具体的施策などにおいては適切な人員をアサインしてもらいます。**接触するキーパーソンは、決裁権を持ち、現場を知り、部門全体を俯瞰できる人物であることが望ましいです。戦略的視点を持つ人物に問題解決の趣旨を汲み取ってもらい、協力してもらうのです。

キーパーソンには、折に触れて施策にかかわるミーティングに登場してもらいましょう。**定期的な進捗報告とフィードバック、軌道修正の要不要などを検討する**役割を担ってもらい、施策の方向性と現場との齟齬がないかチェックしてもらいます。

ここでつまずく!

縦割り組織の弊害により部署を超えた協力を得られない

本質的問題の解決策はバリューチェーンをまたがることも多く、部署を超えた協力が必要です。一方で、組織によっては部署ごとの役割が明確に分かれている分、部署を超えた協力を取り付けるのが難しい場合があります。

これで解決!

キーパーソンに動いてもらい部署の垣根を越えた協力体制を築く

上司や他部署の責任者など、決裁権を持つキーパーソンの理解と協力を得て、縦割り組織の弊害を乗り越えます。プロジェクトに必要な人員の推薦やアサイン、責任者から見たフィードバックが期待できます。

さらに詳しく

3

キーパーソンの心を動かす提案のキモ①

キーパーソンを巻き込むためには、心を動かす提案が必要です。「心を動かす」とは大げさなようですが、これは上司に報告をしたり、支援を求める際にも有効な手段です。**心を動かす提案には、明確な結論と経営者視点の2つの要素が含まれています**。

結論のない提案を作ることは稀でしょうが、明確に結論を伝えられるかは別問題です。冗長で細かい状況報告に終始して、何を言いたいのかわからない話にならないよう、**「要はどういうこと」**かを最初に相手に伝え、次にその結論に至った根拠を順序立てて説明しましょう。なお、論理的な説明を組み立てる際には、フレームワーク、帰納的思考の項（↓P84）で触れたロジックツリーを活用するなどして、結論と根拠を整理するのも、論理的説明に慣れていないうちはおすすめです。

もう一つの要素である経営者の視点とは、キーパーソンを納得させる視座の高いモノの見方のこと。決裁権を持つ人物は多くの場合、物事を俯瞰して判断する必要があります。そのため、局所的な問題の改善を提案する場合でも、**なぜ改善すべきか大局的な視点や顧客利益の視点まで含めて理由を説明**できると、キーパーソンの立場にいる人たちも取り組む気にさせる提案になるのです。

ここでつまずく！

要点のつかめない状況報告に終始してしまう

伝えるべき結論があるにもかかわらず、提案の説得力を高めるために具体的で細かい状況報告を長々と話すのはかえって逆効果。相手は要点をつかめず、何を求められているのかもわからないまま悪印象にもつながります。

これで解決！

明確な結論と経営者の視点で相手の心を動かす提案を行う

特に決裁権を持つ人物の場合、判断材料として求めているのは提案の要点です。細かい問題点を列挙するよりも、経営者の視点を含んだ提案の要点を簡潔に伝えることで、キーパーソンの心を動かす提案になります。

さらに詳しく

3

キーパーソンの心を動かす提案のキモ ②

キーパーソンの心を動かす上で、外せない要素が一つあります。それは〝驚き〟です。**相手の予想を超える事実や新しい考え方で驚きを与える**のです。例えば、社内で知られていなかった共通のニーズを持った顧客セグメント。あるいはは効率的に運営されていた業務フローが、実は別の大きな課題を産みだしていた事実などです。このような事実や洞察はどのように得るのでしょうか。

答えは**情報収集と顧客の観察**によってです。情報収集については、二章で紹介した通り、情報を分析することで洞察を得ます。一方の観察とは、普段の業務の中で顧客の行動や現場をよく見ることを指します。

とある女性向けハイブランド店の例を挙げます。同店では、主な需要を大事な人へのプレゼント目的とみなしていました。ところが客層を注意深く観察していた店員が、贈り物としての購入ではなく、購入者自身が使用するために買う、いわば自分用プレゼントとしての購買行動もあることに気づいたのです。観察によって発見されたセグメントは、新たな販売施策へとつながりました。

このように、**上層部に気づきを与える新事実を提案に組み込めれば、キーパーソンから施策のGOサインを得られる可能性が高まります。**

ここでつまずく!

業務を当たり前にみなして提案のタネを見落としてしまう

日々の業務を漫然とこなしていると、目の前で起きている事象やちょっとした異常に問題解決のヒントが潜んでいても、当たり前のこととして見落としてしまいます。経験を積むほど思い込みも強まるため、要注意です。

これで解決!

問題解決の視点を持ち日頃の業務から提案のタネを見つける

業績向上につながる貴重な気づきは、日々の業務の中にあることを意識しましょう。当たり前を疑い、意識して観察を行うのです。なお、観察で得た仮説は、情報収集によって根拠を集めて提案に落とし込みます。

解決策を実現するために

4

意欲のある仲間を集め 取り組みを魅力あるものに

解決策を推し進めるには、**意欲のあるメンバー集め**が欠かせません。部門ごとの具体的な施策、細かい作業を担う人員については、関連部署の責任者にアサインしてもらえばよいですが、それらとは別に、本質的問題を理解しているプロジェクトの中核メンバーが必要です。

人選を検討する際は、情報収集の段階で行ったインタビューがヒントになります。**意見交換を行った中で、問題意識が高いと感じられた人物に参加を打診**するのです。勧誘の際には、問題の深刻さを訴え、助力を請います。プロジェクトチームが組めたら、改めて施策の大きな目的をメンバー間で共有します。顧客利益の実現という大きな目的を見失わないようにするのです。

実際に施策を進める段階では、定期的に進捗を発表する機会も設けて、メンバーの当事者意識を高め、実行にはずみをつけます。また、プロジェクトの進捗や成果は積極的に社内向けに発信しましょう。魅力的な現場であることを社内にアピールすることで、協力の機運が高まって、さらに仲間が集まることも期待できます。

余分に押し付けられた仕事ではなく、**魅力的な取り組みとしてプロジェクトを演出することで、施策の実行を社内全体で盛り上げる**のです。

ここでつまずく!

不特定多数に呼びかけを行い
スローガンで終わってしまう

解決策の実行には意欲のあるメンバーが必要ですが、自主性に任せて有志の参加を全社に呼びかけても人が集まる可能性は低いでしょう。施策を行う意味や具体的な仕事内容を共有していないと、参加は望めません。

これで解決!

意欲のあるメンバーを集めて
魅力的な場であることを発信

中核を担うメンバーは、上司の覚えがめでたい人よりも、問題意識が高く、変化を求め意欲のある人物を集めます。活動の様子を発信することで、施策を実行する場が刺激的で魅力あることをアピールして、さらに協力を募ります。

さらに詳しく

4

協力の下地をつくるコミュニケーションの活性化

チームを動かすにも、社内に協力を呼びかけるにも、人を巻き込む上でコミュニケーションの質を向上することは不可欠です。リモートワークが普及する近年においては、従来とは異なる意思伝達、情報共有のフローの構築につまずき、コミュニケーション不足に悩まされる場合もあるでしょう。オンラインでも対面でも、活発な対話や交流、伝えるべきことを明確に伝える機会を増やす仕組みづくりが求められています。

　チームでは、業務連絡だけではなく、**役割意識へ働きかける機会を設ける**ことが大切です。施策の目的、仕事で果たすべきミッションについて繰り返し語り合うのです。各々が何をすべきか、個々人の役割と達成目標について理解を深めると、形式的な集まりではなく、施策を前進させるためのコミュニケーションへと質を高められます。

　施策の注目度を高める社内コミュニケーションでは、社内報や自社で運営しているオウンドメディアなどを活用しましょう。**進捗や成果の報告では、関係者の声や活動している姿などを写真で発信する**ことで変革の臨場感も伝わります。また、施策への反応や意見を募るフォームを設けると、参加意識が高まり施策も一層盛り上がるのでおすすめです。

ここでつまずく!

業務の連絡以外で施策について話し合う機会がない

施策の実行においては定期的に進捗の共有を行い、各々が果たすべき役割を都度確認する必要があります。仕組みとして、集まる機会を設定しないと通常の業務が優先されることが多いため、施策が停滞してしまいます。

これで解決!

環境もうまく利用して質の高いコミュニケーションを図る

集まる機会が限られる場合は、状況報告で終わらず、進捗を阻害する要因について議論するなど、1回の会議の質を高めます。リモートワークや時短業務など働き方の多様化に合わせて、オンラインツールも活用しましょう。

解決策を実現するために

5

いい影響を与え合う 社内に広げる問題解決の輪

問題解決は担当者の気まぐれで終わる取り組みではありません。長期的な業績向上を実現するためには取り組みを継続する必要があり、改革のバトンをつないでいく人材を育成する必要があります。その際に有効な手段として、「社内講師」を発掘して、プロデュースするという方法があります。

社内講師とは、仕事について希少かつ優れた知見を持つ社員に、その経験やノウハウを社内で発信する立場に立ってもらうこと。発信の場としては、ワークショップや研修プログラムを設けたり、映像や文書の形で記録した資料を公開したりすることが挙げられます。優れた顧客開拓の実績を持つ営業担当やデータの扱いに長けた経理担当など、社員からアルバイトまで、各部門の有識者であれば誰もが候補になります。ノウハウ、成功体験はもちろん失敗から学んだことなども言語化してもらい、社内で共有するのです。

社内講師から伝えられる知見は様々ですが、**ベースとなるのは問題解決の考え方を浸透させること。**うまくいかない理由を洗い出し、本質的問題とその解決法を個々人が考えられるようになれば、施策が前進するスピードが速まり、成功確率は格段に高まるでしょう。

ここでつまずく!

優秀なプレイヤーの知見が社内に広まらない

優秀な実績を持つ社員は、優秀さ故に業務を多く抱え、多忙の傾向にあります。そのため、施策の一環として働きかけないと知見を共有する時間が取れず、せっかくの知見が属人的なノウハウにとどまってしまいます。

これで解決!

成功も失敗も共有 立場を問わず誰もが社内講師の候補

社内講師による講習は、他の社員が新しい行動に取り組むヒントになる分野であれば、どのような知見でも構いません。講師自身に必ずしも研修資料を作成してもらう必要はなく、学びを伝えてもらうことに意義があります。

さらに詳しく

5

成長のサイクルを担う 人材を育てる体制づくり

人材育成では、人事部門が大きな役割を果たします。

人事部門のバリューチェーンを考えると、その顧客は直接部門となります。このことを踏まえると、人事が果たすべき役割は次の三つです。一つ目は会社が目指す方向性に従って求める社員像を明確にした上で、人的資源を確保すること。二つ目は、会社にとって適切なスピードで人材が育つように、事業部と協力しながら必要な教育プログラムを設計し、実施すること。三つ目は、人の育成を目的とした適切なキャリア設計、評価制度を構築すること。

特に**評価制度については、人材を能力によって仕分けるためではなく、意欲ある人材を育てるための制度として設計するべき**です。ところが、問題解決の施策は今までにない取り組みであるために、その貢献を評価する仕組みが制度側に備わっていないことがほとんどです。これでは施策への参加が、「余計な仕事」として社員に捉えられかねません。

企業によっては、会社から社員に対して贈られる報酬とは別に、社員同士で成果実現を達成した仲間をお祝いする仕組みもあります。制度の見直しが難しい場合は、このような付加的な評価指標を設けることも検討しましょう。

ここでつまずく!

ランク付けに比重が置かれ評価制度が設計されている

能力や実績のランク付けのみが人事側でも社員側でも重視されている環境では、ルールに適合できた社員のみが評価されます。この場合、評価基準に外れた社員に対して、適性に合わせた育成を行うことは難しくなります。

これで解決!

社員の育成を視野に入れて柔軟な評価制度を設計する

人事評価は処遇を決める以外にも、目標設定や社員の育成を促す仕組みでもあります。また、現場における評価を汲み取るために、社員同士の「ピアボーナス」のような多視点的な評価制度を導入するのも良いでしょう。

解決策を実現するために

6

信頼を築くことが全ての基本 人間力を身につける

本章の最後に、問題解決策を実行する上で誰もが身につけておきたい能力、「人間力」について触れます。

人を巻き込むためには、交渉や実務遂行のテクニック以上に、人に巻き込まれたいと思われるような人間的な魅力を備える必要があります。性格や言動など、人を惹きつける要素は様々にありますが、仕事を進める上で第一に優先される人間力は、**人に信頼される**ということです。

では、信頼される人物になるためにはどうすればよいでしょう。手始めに、自分が考える「信頼される人物の条件」を、実際に自分が信頼している人物のあり方や意見を参考に例を集めて、それらを抽象化した人間像を考えてみるのもいいでしょう。これは帰納的思考の応用です。

考えてみた上で、もしも見当がつかなければ、**「信念や志を持つ」「仕事において成果を挙げる」「人を大事にする」といった3つの条件を満たす**ことから始めてみてください。信念に基づいて一貫した行動を取り、状況に左右されず自分の頭を使って実績を積み上げ、他者を自分よりも大事にし続けるということです。

小さなことからでも信頼を積み上げられます。施策の先導者となるためにも、ぜひ信頼される人物像を目指してみてください。

ここでつまずく!

言動が一致していなければ
人に信頼されることは難しい

整理整頓が出来ていない人に、「整理整頓をしろ」と指導されて納得する人はいないでしょう。使命の理解を始め、施策の実行に必要なことは、他人に求めるより先に自分自身が実践し、信頼を得る必要があります。

これで解決!

問題解決に取り組むことで
信頼される人間になる

「信念や志を持つ」「仕事において成果を挙げる」「人を大事にする」といったあり方は、問題解決に取り組む上で必要な姿勢そのものでもあります。ぜひ、信頼される人物像について、自分なりの基準も考えてみてください。

06

problem solver's column

使命の理解が成功のカギ 利他の精神で仕事が広がる

本書でいう使命は、仕事で達成したいことを指します。使命を理解するには、誰に対してなにをすることで、どうなってもらいたいのか、あるいはどうなりたいのかを明確にする必要があります。

使命を考えることは、問題解決に限らず重要で、仕事の幅を広げるヒントにもなります。事業活動の全体を見て、その中で自分が行うべきことを考えれば、無駄な仕事をしてしまう失敗が減ります。方向性が正しく定まれば、やるべきことを間違えることはありません。そこからさらに個人のバリューチェーンを考えたり、フリーランスや自営業であれば、事業ドメインの広がりを考えたりすることで、目の前の仕事以外にも、価値を提供できる相手や場所が他にあることに気づきます。

仕事の使命は他者への貢献、利他の精神の上に築かれるもの。問題解決でも普段の仕事においても、人を大事にすることが成功の秘訣といえます。

Chapter

5

問題解決は
学問ではなく実学

問題解決
ケーススタディ

本章では、問題解決の実践について、初歩の内容を見ていきます。日々の悩みごとやビジネスの課題について、身近な例のケーススタディで具体的な実践のイメージを掴みましょう。

Chapter 5

日々の悩みもビジネスの課題も問題解決の考えで乗り越える!

日々の悩みを解消!

考えても考えても答えが出ない、日々の仕事や生活における悩み。
問題解決の考え方を応用すれば、思考を前進させることができます。

うっかりミスが多くて
叱られてばかり…。
どう直せばいいんだろう。

P146へ

転職先をどう決めれば
いいかわからない…

P148へ

この章で学ぶこと

- **問題解決の実践について、初歩部分を学ぶ**
- **日常生活やビジネスの悩みについてケーススタディを見る**
- **答えそのものではなく、考え方の道筋を学ぶ**
- **自分の仕事や生活への応用を考えてみる**

ビジネスの問題を解決!

とあるメーカー企業が抱える営業課題を例に、
顧客に価値を提供するまでの流れを追ってみましょう。

P150へ

問題
Problem

日常編①

仕事のミスを減らしたいが改善の仕方がわからない

仕事のうっかりミスは誰にでも経験があるもの。とはいえ、できれば失敗したくないのも事実です。問題の対策を考えるためには、問題を正しく把握することから始めます。

Aさんの悩み

上司から頼まれる仕事に対して、
何回も同じミスをしてしまいます。
気をつけてはいるのですが、
どう改善すればいいのかわからず
困っています。

ヒント

Aさんはミスしがちな自覚はあるものの、具体的にどうすればよいのか分からず、困っているようです。気をつけていても仕事に失敗はつきもの。まずはなぜ失敗するのか、原因を考えることから対策の一歩目が始まります。

- **まずはミスした原因を考える。**
- **ミスの特徴や種類も考えてみる。**
- **ミスの原因によって対策方法は変わる。**

解 Solution 決

ミスの原因を仕分けして原因別に対策を検討する

ミスの起きた状況を整理して、原因を大きく分けると、対策の方針が立てられます。問題の全体像を捉えることで、思いつかなかった具体的な改善案が見えてきます。

こう考える！

「忙しくて忘れた」「優先順を間違えた」など、具体的なミスは様々。個別の対策を立てるよりも、ミスの原因を大別して考えることで、対策の方向性と優先順をより正確に考えられます。

Step 1

思いつく限りの具体的なミスを書き出して並べます。並べたミスについて、原因別に仕分けして、どのような原因があるか洗い出します。

Step 2

原因をまとめた上で、さらに大きいくくりを考えます。Aさんの場合、上司とのやり取りからミスが生まれているため、Aさん自身、上司、仕組みの問題で分けられそうです。

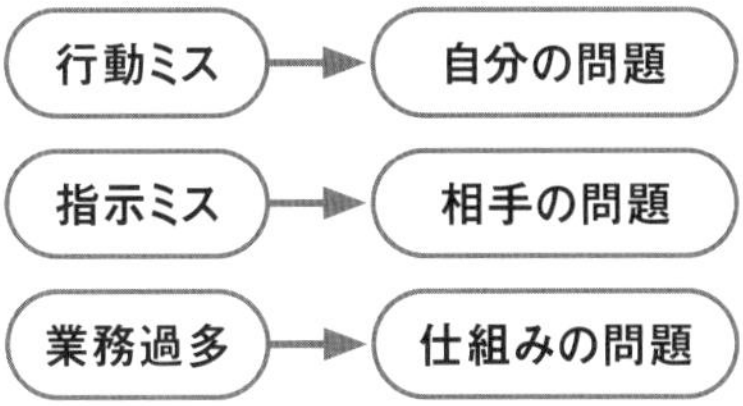

Step 3

Aさんの場合、上司や仕組みの問題よりも、まずは自分自身の問題に取り組む方が良さそうです。なぜ間違った行動につながったのか、考えられる原因のうち可能性の高いところから対策を取ります。

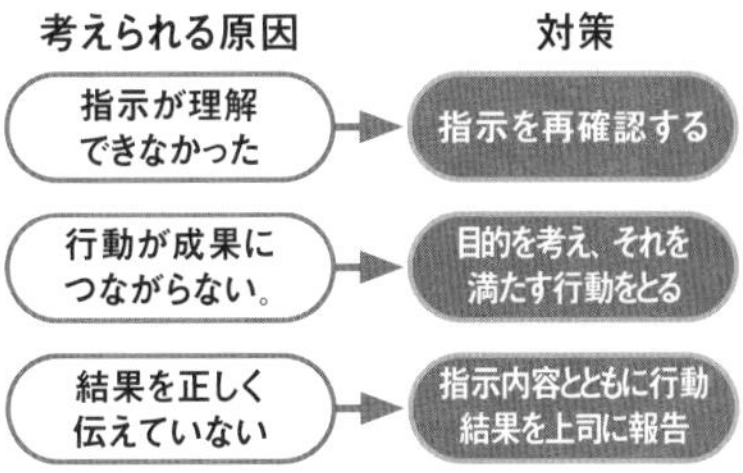

問 Problem 題

日常編②

転職したいが、より良い職場の探し方がわからない

キャリアアップや理想の働き方を求めて転職することが当たり前の時代。選択肢が多い分、判断基準が定まっていないと、会社選びで迷走してしまうかもしれません。

Bさんの悩み

転職を考えていますが、納得のいく
条件が見つかりません。
年収は下げたくないですが、
他にも条件はあって、
どう折り合いをつければいいか、
自分の中で基準を持てません…。

ヒント

キャリアパスの可能性が広がるほど、判断に迷うもの。選択肢が多すぎるとき、細かい条件同士で比較してもキリがありません。優先順序を決めて、求めていることを満たす企業を選びます。

- **求める条件を書き出す。**
- **仲間同士をくくり、優先度順に並べる。**
- **候補企業をリスト化してインタビューする。**

解決 Solution

条件から帰納的に考え転職の軸足を明確にする

条件を並べて、それらが意味するところを帰納的にまとめると、転職で本当に叶えたいことが見えてきます。この価値観から、仕事を選ぶ判断基準を作ることができます。

まとめ

様々な希望条件をまとめて、何のために転職をするのか、本来の目的を導き出します。本来の目的から判断基準を整理し、事業理念や条件がマッチする企業を選びましょう。

Step 1

現状の転職活動で、自分が考えている条件を書き出し優先順序を決めていきます。

給与
配属先
明るい雰囲気
就業時間
福利厚生
人間関係

Step 2

条件から何を得たいのか帰納的に考えます。優先度順に並べ、どんなことを求めているのかをまとめます。

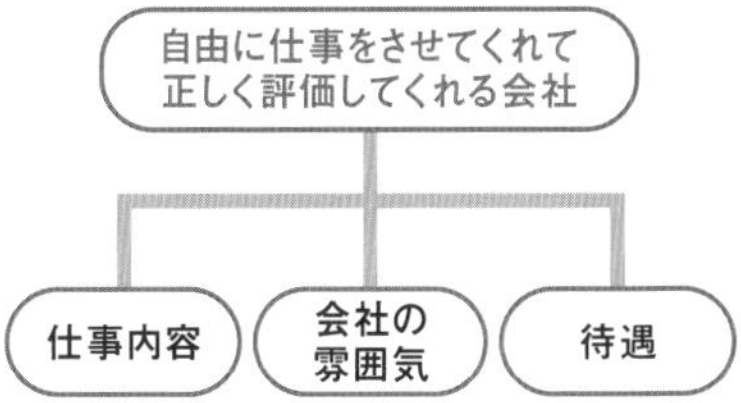
自由に仕事をさせてくれて正しく評価してくれる会社
仕事内容
会社の雰囲気
待遇

Step 3

求める企業像を意識した上で、優先度の高い「自由に仕事をさせてくれる」会社を数社選びます。その中から次の優先度を満たす会社に絞り込んでいきます。

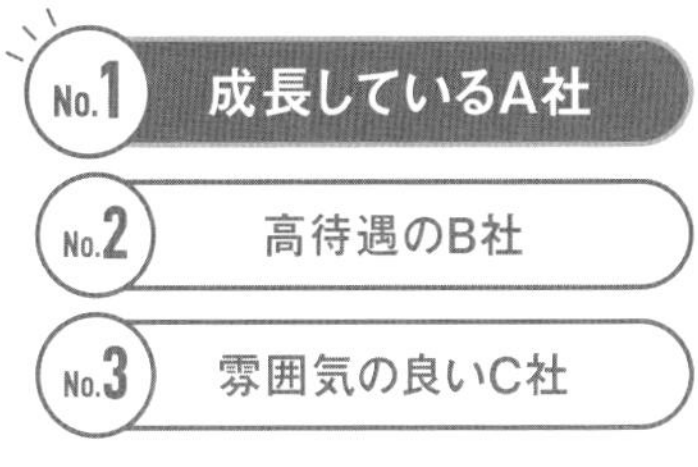
No.1 成長しているA社
No.2 高待遇のB社
No.3 雰囲気の良いC社

問題 Problem

ビジネス編

売上伸び悩む調味料メーカー 道を切り拓く営業施策は？

売上が伸び悩む調味料メーカー・A社で、営業部門が今までとは異なる施策を立てようとしています。誰にどのような価値を届けるか、A社のストーリーを例に問題解決を考えます。

調味料メーカー A社 営業部門にて…

部下
「今期も目標未達でしたね…」

上司
「全社的にも売上低迷。なにか対策が必要かもね」

部下
「景気も厳しそうですが…」

上司
「いや、できることはあるはず。ここは問題解決の考え方で筋道立てて考えてみましょう」

A社の状況

- 年商50億円規模
- 多様な調味料を扱っている
- 自社開発の調味料が好評
- 顧客層の中心は一般消費者
- 近年はシェア低迷に悩む

ヒント

- なぜ売上が伸びないのか原因を見つける。
- 売上向上のカギは顧客への価値提供にあり。

解決1

バリューチェーンを整理して自社の課題を把握し解決策を考える

まずは対象顧客の満たされていないニーズと自社の提供価値を理解します。自社の価値は事業活動の流れの中で生まれるため、事業活動の全体像を捉えるフレームワークとして、バリューチェーンを用いて分析します。

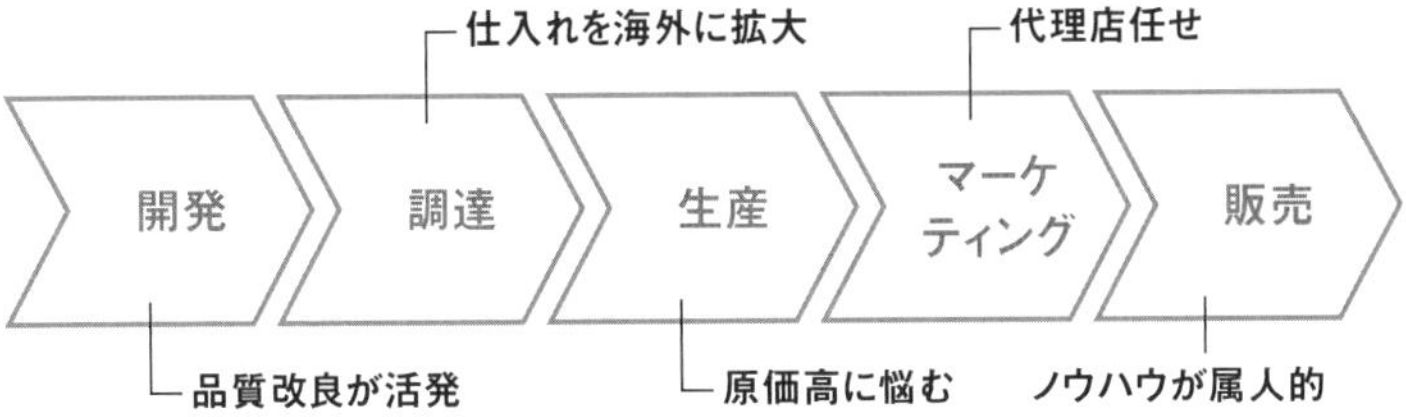

Point

- 提供価値を振り返るためには、バリューチェーンで事業全体の流れを見る。（→P40）
- 重要課題を発見して解決策を考える。

解決2

顧客の全体像をフレームワークで整理する

売上低迷の状況を打破するためには、顧客の全体像を把握する必要があります。フレームワークで整理して、具体的な顧客層をまとめる中で、いくつかの大きなくくりがあることに気づけば、見落としていた顧客層にも気づけます。

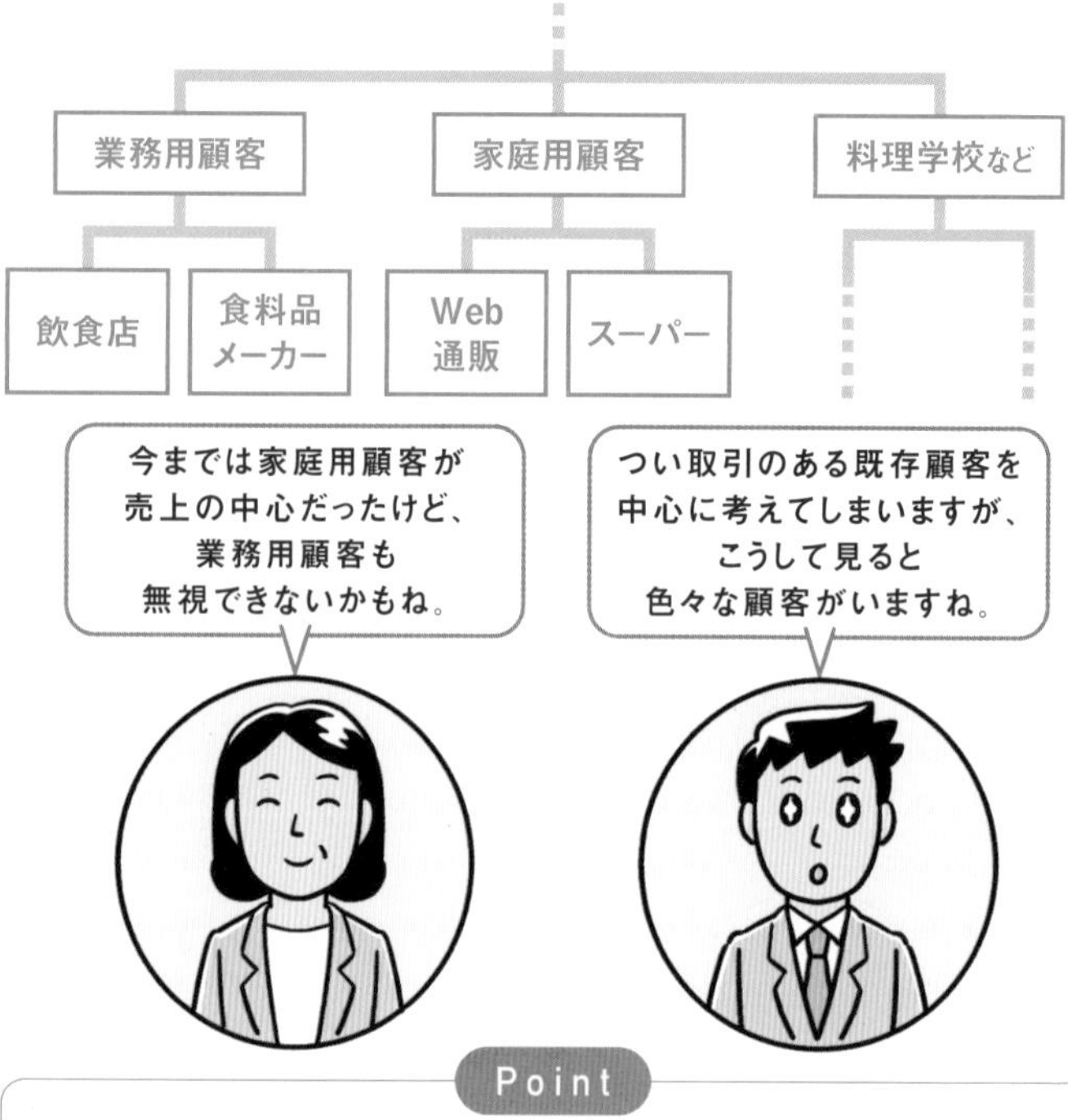

業務用顧客
家庭用顧客
料理学校など
飲食店
食料品メーカー
Web通販
スーパー
今までは家庭用顧客が売上の中心だったけど、業務用顧客も無視できないかもね。
つい取引のある既存顧客を中心に考えてしまいますが、こうして見ると色々な顧客がいますね。

Point

- 可能性のあるセグメント全体をおさえる。
- 「調味料を使う人は誰か」を考えることで、見落としていた顧客層まで視野を広げることができる。

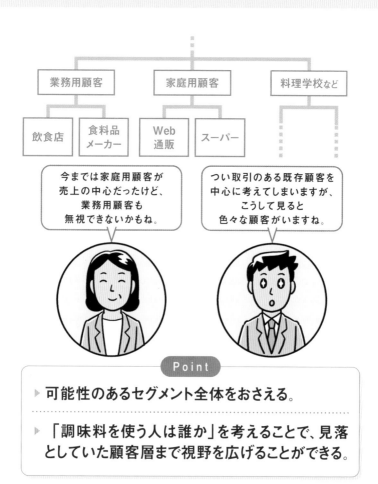

解決3

データを分析して攻めるべき顧客を決める

将来性のある、重要な顧客にターゲットを絞ります。市場の将来性はデータ収集と分析によって判断します。ここでは必要なデータ収集を終えたものとして、A社の2人が外食産業の成長性に着目しています。

外食産業の成長性グラフ

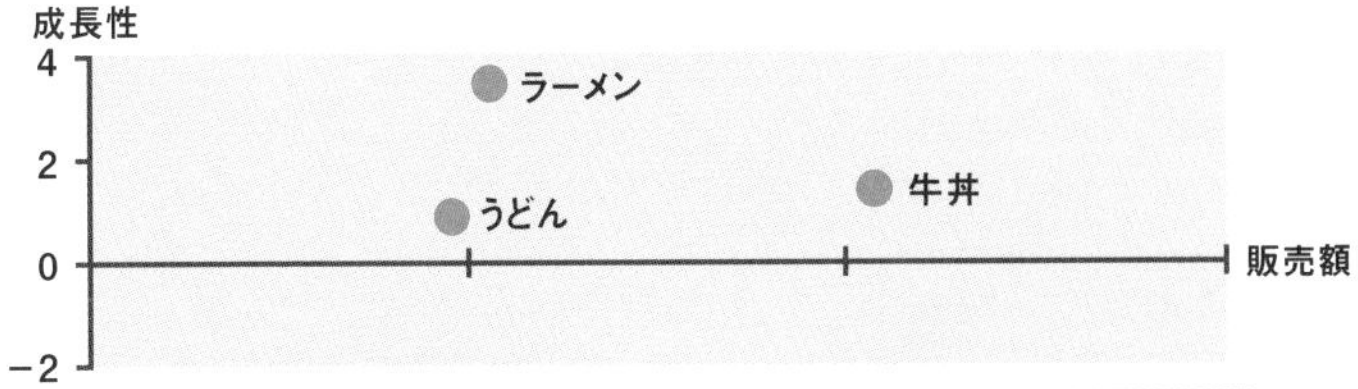
成長性
4
2
0
−2
ラーメン
うどん
牛丼
販売額

ラーメン市場の成長性が突出しているね。まだ取引は少ないようだけど、売上が伸びる余地がありそう!
販売額から見ると牛丼市場との取引が多いようですが、成長性は低いですね…。

Point

- **将来性のある顧客を優先する。**
- **様々なデータチャートから、洞察を得られる分析チャートを描く。****（→P62）**

解決4

顧客へのインタビューで顧客が抱える問題を把握する

A社はあるラーメンチェーン・B社をターゲット候補としてピックアップ。顧客の状況をより具体的に知るために、直接インタビューを行うことにしました。質問と対話を重ねて、相手自身が意識していなかったニーズを引き出します。

何かお困りごとはありませんか？
いえ…新メニューがお客様にも好評ですし、最近は特に困っていることはありませんよ。
それは良いですね…。では「こうなったら理想的だな」と思うことはありますか？
そうですねえ…。封を切っても味が劣化しない調味料なんてあれば嬉しいですが。ウチは通年のメニューが多いので。まあ今後は新規のお客様も増やしたいので、季節限定のメニューも考えてます。身体に優しい原材料を使ったメニューも話題を呼ぶかな。とにかくリピーターを増やせる取り組みなら何でもやっていきたいですね。

Point

- **相手の考えを引き出す表現を使い分ける。**
- **自分にとっても相手にとっても、答えは質問と対話の中から生まれる。（→P74）**

解決5

対象顧客のニーズを整理して本当の期待や悩みを理解する

インタビューによって、一見好調なラーメンチェーン・B社にも、調味料に対する希望や集客に関するニーズがあることがわかりました。まずは顧客の課題を理解するために、ばらばらな情報を整理します。

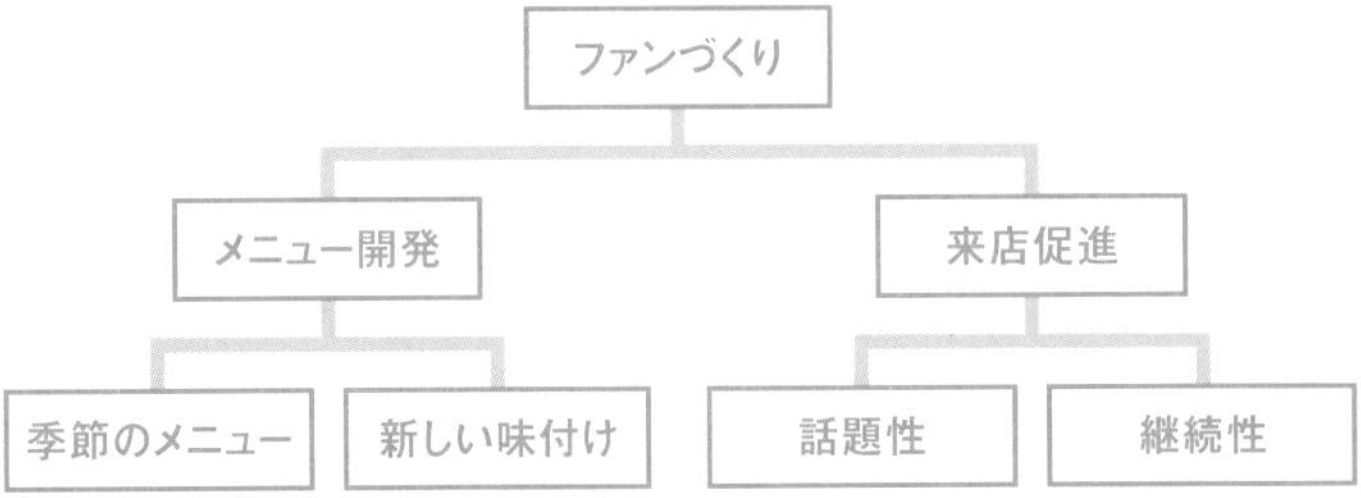
ファンづくり
メニュー開発
来店促進
季節のメニュー
新しい味付け
話題性
継続性

色々な話題を、「要はどういうことか」でまとめると、来店促進とメニュー開発の2つにニーズがありそう。
具体的なニーズらしきものもありましたが、それらが本当に意味するところを考えるんですね。

Point

- 抽象度の度合いを揃えて情報を整理する。
- 具体的で細かなニーズをまとめると、より大きな枠組みのニーズが見えてくる。

解決6

強みとニーズがマッチする提案を組み立てる

B社が考えている様々な取り組みの背景には、リピーター増=「ファンづくり」が大きなニーズとしてありそうです。この点において、自社の強みからどのような価値を提供できるか考えて提案を組み立てます。

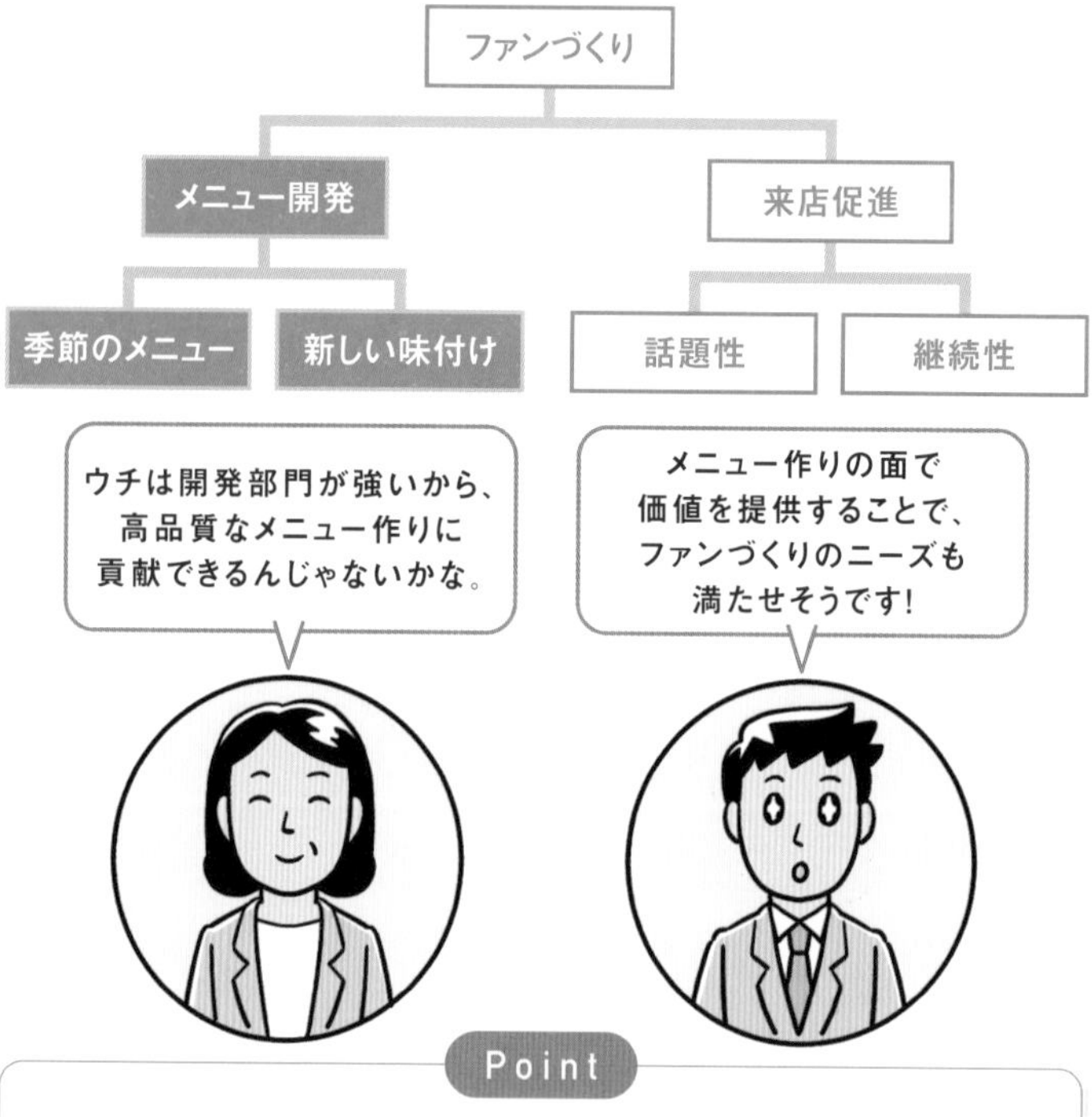

ファンづくり
メニュー開発
来店促進
季節のメニュー
新しい味付け
話題性
継続性
ウチは開発部門が強いから、高品質なメニュー作りに貢献できるんじゃないかな。
メニュー作りの面で価値を提供することで、ファンづくりのニーズも満たせそうです！

Point

- 自社都合ではなく顧客利益の実現から考える。
- 顧客にとって、より大きなニーズも満たせることが伝わるように提案を組み立てる。

解決7

顧客の利益向上に貢献！価値提供で自社の業績を上げる

提案を組み立てたら、あとは実行あるのみ。顧客の利益を第一に考えて行動して、顧客との信頼関係を構築しましょう。顧客の大きなニーズを掴めたら、セグメント全体に同様のアプローチが成功する可能性も出てきます。

数ヶ月後のA社にて…

部下
「成約できました!」

上司
「よし、B社の利益になることを納得してもらえたね」

部下
「同様のニーズを抱える顧客が他にもいそうですね」

上司
「B社の例を元に、もっと大きな営業計画を立てましょうか」

まとめ

実際にはより多くの情報収集や分析のまとめが必要になりますが、営業活動を例に大まかな問題解決の流れを紹介しました。自社の業績向上を考える上で、顧客の利益実現は不可欠。単なる御用聞きではなく、自社の提供価値によって顧客の売上増大に貢献する、つまり顧客が抱える本質的問題を解決することが、結果的に自社の問題解決にもつながるのです。

おわりに

at the end

〝しんどい〟けど自分と会社を変える力になる！問題解決で、やりがいのある楽しい人生に

問題解決の考え方について、「サクッとわかる」とはなかなかできそうもないな、と感じられた人も少なくないかもしれません。それはなぜかというと、慣れ親しんだ考え方を変えて新しい考え方を受け入れることは難しいためでしょう。ただ、物事が上手く進まないときに必要なのは、たとえ難しくても従来の取り組み方とは異なる方法、問題解決の考え方から導き出される成功確率が高い方法なのです。

問題解決の考え方を身につけるのに、学歴、経験、年齢、性別が影響することはありません。社会を良い方向に変える志と、新しく〝しんどい〟考え方を受け入れる覚悟と意欲があれば、自分を変えて、会社を変えることは十分に可能です。

この本をきっかけに、よりやりがいがあって楽しい人生を歩むために、今後もより〝しんどい学び〟に挑戦してくれたらと祈念します。弊社が提供する諸々の講座も、その一助となれば幸いです。では、またお会いしましょう～。

齋藤顯一

本書の「次に読む本」

問題解決についてもっと詳しく知りたい方に以下をおすすめします。

「新版 問題解決の実学　成果をあげる思考と行動」

齋藤顯一, ダイヤモンド社, ISBN978-4-478-01377-9

「はじめての問題解決力トレーニング　図を描けば本当の問題点が発見できる 」

齋藤顯一+竹内さと子, ダイヤモンド社, ISBN978-4-478-06806-9

「実戦!　問題解決法」

大前研一 齋藤顯一, 小学館, ISBN978-4-09-408161-9

「営業の問題解決スキル」

齋藤顯一, ゴマブックス株式会社, ISBN978-4-7771-0568-7

さらに深く問題解決を学ぶ講座・検定

対話形式のリアル講義
問題解決塾

対話形式による全50時間の学び。個人テーマの演習も設けて、仕事や生活での実践もサポート。著者含む講師陣が、参加者の理解度に合わせ丁寧に指導します。

動画で学べる!
e- ラーニング

2万人以上の指導実績を持つ元マッキンゼーの人材育成責任者による講義。基本から本格的な内容まで様々な講座を開講中。実学をもとにした、自分と会社を変える講座です。

問題解決力をチェック
問題解決検定

問題解決の考え方を学んだ方が、自分の問題解決力のレベルを知ることができる検定試験。より高い能力を持つ" 問題解決者" になり、成果を上げることを支援します。

詳しくはこちら

お問合せ先
株式会社フォアサイト・アンド・カンパニー
TEL　03-5562-9321
URL　https://forsaito.co.jp

監修　齋藤 顯一（さいとう・けんいち）

大阪府出身。国際基督教大学卒業後、マッキンゼー・アンド・カンパニーに入社。人材育成責任者、パートナーを経て、1996年にフォアサイト・アンド・カンパニーを創業。これまで経営コンサルタントとして企業業績向上に取り組むとともに、問題解決者の育成プログラムを数多く手がけ、企業の業績向上に大きな成果を上げてきた。ビジネス・ブレークスルー(BBT)大学において、2005年4月に大学院経営学研究科 教授、2010年4月に経営学部教授に就任。企業研修や塾生を含め、すでに2万人以上を指導。2016年退任後、eラーニング講座の開発、問題解決塾、問題解決実学会、ようは会等、後進の問題解決者の指導に余念がない。2017年に一般社団法人問題解決力検定協会代表理事に就任。2023年6月英語版eラーニング講座を発表。著書に『新版 問題解決の実学　成果をあげる思考と行動』、『はじめての問題解決力トレーニング　図を描けば本当の問題点が発見できる』（ともにダイヤモンド社）などがある。

サクッとわかる ビジネス教養　問題解決

2023年7月15日　初版発行

監修者	齋藤顯一
発行者	富永靖弘
印刷所	公和印刷株式会社

発行所　東京都台東区 台東2丁目24　株式会社　新星出版社

〒110－0016　☎03(3831)0743

ISBN978-4-405-12022-8